区域物流园区规划方法研究

——基于经济发展关联机制

陈志卷◎著

STUDY OF THE REGIONAL LOGISTICS PARK PLANNING BASED ON ECONOMIC DEVELOPMENT INTERACTION MECHANISM

首都经济贸易大学出版社
Capital University of Economics and Business Press
·北京·

图书在版编目（CIP）数据

区域物流园区规划方法研究：基于经济发展关联机制 / 陈志卷著. --北京：首都经济贸易大学出版社，2017.11

ISBN 978-7-5638-2656-8

Ⅰ. ①区…　Ⅱ. ①陈…　Ⅲ. ①区域－物流－工业区－经济规划－研究　Ⅳ. ①F253

中国版本图书馆CIP数据核字（2017）第121587号

区域物流园区规划方法研究——基于经济发展关联机制

陈志卷　著

Quyu Wuliu Yuanqu Guihua Fangfa Yanjiu—Jiyu Jingji Fazhan Guanlian Jizhi

责任编辑　刘　欢　彭　芳

封面设计　砚祥志远·激光照排 TEL: 010-65976003

出版发行　首都经济贸易大学出版社

地　　址　北京市朝阳区红庙（邮编 100026）

电　　话　（010）65976483　65065761　65071505（传真）

网　　址　http://www.sjmcb.com

E-mail　publish@cueb.edu.cn

经　　销　全国新华书店

照　　排　北京砚祥志远激光照排技术有限公司

印　　刷　人民日报印刷厂

开　　本　710毫米×1000毫米　1/16

字　　数　202千字

印　　张　11.5

版　　次　2017年11月第1版　2017年11月第1次印刷

书　　号　ISBN 978-7-5638-2656-8 / F · 1474

定　　价　33.00元

目　录

1 绪 论

物流园区是近年来现代物流业发展中出现的新型业态，从经济学角度来看，物流园区是区域经济发展到一定阶段的产物，是各种物流资源在空间上高度聚集、密切分布的区域发展实体，也是一定区域内经济发展的内部因素与外部条件相互作用而产生的服务综合体。由此可见，物流园区的发展与区域经济的发展是密不可分的，不同的区域经济发展水平对应着不同层次的物流需求，进而对应着不同规模的物流园区。本书基于物流园区与区域经济发展的关联机制来探讨区域物流园区规划问题，具有较强的理论价值和现实意义。

1.1 问题提出

1.1.1 物流园区布局规划的研究背景

1.1.1.1 现代物流业成为推动国民经济发展的重要组成部分

随着全球经济化进程的加快，世界经济日益成为一个紧密联系的整体，每个企业、地区以及国家都置身于国际市场大循环之中。现代物流作为一种先进的组织方式和管理技术，已经成为现代供应链、价值链管理的载体和基础，直接关系到企业以及区域经济的核心竞争力。促进现代物流业健康发展已引起各国政府、企业界、学术界的广泛关注，成为顺应世界各国和各地区经济发展要求的战略选择。

近年来，我国物流业发展总体规模保持上升态势。社会物流总额与国内生产总值（GDP）相比的物流需求系数在“八五”时期平均为1.6，“九五”时期平均为1.7，“十五”时期平均为2.2，“十一五”时期平均为3.0，“十二五”

时期平均为 3.36。2015 年，社会物流总额达 219.2 万亿元，与 2006 年相比增长近三倍，如图 1-1 所示。

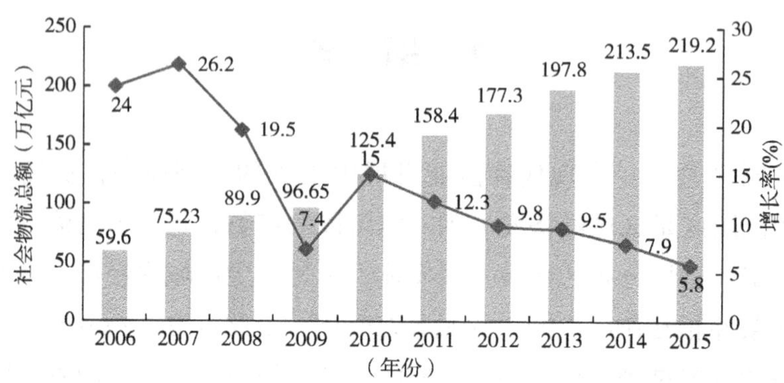

图 1-1　2006—2015 年我国社会物流总额增长示意图

数据来源：中国物流与采购联合会《全国物流运行情况通报》（2006—2015）。

1.1.1.2　物流园区蓬勃发展，经济与社会效益显著

物流园区作为联系产业上下游的纽带，是各项物流活动开展的主要载体。实践证明，物流园区通过产业的空间集聚、资源的有效整合、业务的流程优化，不仅可以提高物流业的组织化水平和集约化程度，而且在促进区域经济发展、提高物流业服务水平、提高土地集约化使用程度、减轻道路及环境和能源压力等方面具有重要作用。

《第四次全国物流园区（基地）调查报告》的数据显示，我国运营、在建和规划的各类物流园区共计 1 210 家。从物流园区的区域分布来看，北部沿海经济区物流园区数量最多，为 216 家，占全国物流园区总量的 17.85%，是我国物流园区分布最为集中的区域。然后依次是长江中游经济区 211 家、黄河中游经济区 175 家、东部沿海经济区 156 家、南部沿海经济区 135 家、西南经济区 132 家、东北经济区 111 家、西北经济区 74 家。这些物流园区的构建与发展，在一定程度上改善了物流发展环境及基础条件，并通过共享相关基础设施和配套服务设施，实现了物流集聚的集约化、规模化效应，促进了其所服务地区经济的可持续发展。

1.1.1.3 物流园区作为加快物流发展的突破口，得到各级政府高度关注

物流园区的社会效益和对经济的推动作用已经得到社会各界的广泛认同和高度重视，物流园区的规划和建设被政府视为加快现代物流业和区域经济发展的突破口。2009 年，国务院颁布的《物流业调整和振兴规划》指出，“各地区要从本地区经济发展的实际出发，因地制宜，统筹规划，科学引导物流业的发展，防止盲目攀比和重复建设”。同时，该规划也提出要打破行政区划的界限，按照经济区划和物流业发展的客观规律，促进物流区域发展。2011 年，国务院办公厅颁布《关于促进物流业健康发展政策措施的意见》（国办发〔2011〕38 号文），明确提出“各级人民政府要加大对物流基础设施投资的扶持力度，对符合条件的重点物流企业的运输、仓储、配送、信息设施和物流园区的基础设施建设给予必要的资金扶持”。2014 年，国务院颁布的《物流业发展中长期规划（2014—2020 年）》，明确了三大发展重点，确定了七项重点发展任务和十二项重点工程。其中，“物流园区工程”为十二项重点工程之一，提出“发展货运枢纽型、生产服务型、商贸服务型、口岸服务型和综合服务型物流园区，以及农产品、钢铁、医药、快递等专业类物流园区”。

我国多个省、市也将物流园区作为物流基础设施列入地方社会经济发展规划，部分行业主管部门还对其进行了专项规划研究。据不完全统计，我国几乎所有的省、自治区和直辖市都制定了区域现代物流业发展规划和纲要，对物流园区的发展建设进行了明确规划，其中具有代表性的有深圳市、北京市、上海市、天津市、湖北省、甘肃省、青岛市和苏州市等。

1.1.1.4 物流园区规划布局存在诸多问题亟待解决

系统而科学地规划物流园区建设不仅关系到物流业及其相关行业的发展，也关系到区域经济整体实力的提升。然而目前物流园区规划尚缺乏圆满的解决方案，主要体现在理论研究和实践研究两个层面，具体内容如下。

（1）理论研究层面。理论研究层面涉及以下内容：

第一，区域物流园区规划研究偏重定性分析，缺乏量化分析框架。伴随着对物流业与区域经济互动发展关系认识的逐步深化，学术界对物流园区规划问题的关注日益提升，相关研究文献逐渐增多，但这些研究多为宏观定性分析，缺乏理论深度和微观基础。总体而言，我国区域物流园区规划的研究

尚处于探索阶段，缺乏基于区域经济发展与物流园区耦合关系，对物流园区布局进行系统化研究的理论框架与方法体系。

第二，现有的规划理论和布局方法不适用于区域物流园区规划。物流园区作为区域经济及现代物流业发展的产物，其产生和发展与区域经济发展具有密切的关系。目前，国内外物流节点规划与布局相关理论和技术方法很多，大多涉及区域物流需求量的预测、各层次物流节点的数量、规模确定及选址布局等问题，但是这些布局规划的研究多数将物流园区规划的每一个阶段当作一个独立的系统来进行研究，忽略了各阶段之间的相互作用与相互影响。此外，目前的研究多建立在成本优化的基础上，对物流园区规模与区域经济协调发展的关注较少。

因此，如何从系统角度出发，综合考虑布局过程各阶段的综合影响，同时将物流园区规模与区域经济协调发展和成本优化进行有机结合，建立能够准确反映物流园区规划问题的模型就显得十分必要和迫切。

（2）实践研究层面。在我国物流园区建设的热潮中，由于缺乏系统和科学的规划论证，在实际运作过程中产生了物流园区与经济发展水平不匹配、功能定位不明晰、物流设施闲置、利用率低、重复建设等诸多难题，形成许多不良局面。这些问题如果不能及时妥善解决，不但会制约物流业自身的发展，也会给区域经济带来诸多制约与不良影响，甚至会破坏区域发展的可持续性。可见，为实现物流资源的有效配置与整合，促进物流产业的健康发展，对物流园区进行合理规划与布局的研究迫在眉睫。

综上可知，加强物流园区规划问题的研究具有十分重要的意义，这也是本书的立意所在。本书的研究正是致力于探索由经济联系衍生的区域物流园区规划的框架与方法体系，这对我国的区域物流及区域经济一体化发展具有重要意义。

1.1.2 物流园区布局规划研究的意义

1.1.2.1 理论意义

作为一种派生性服务，物流服务与生产和消费具有互补性和关联性。这些性质使得物流园区与区域经济发展具有天然的联系。因此，本书从区域经济发展与物流园区的联动关系入手，分析区域经济增长、区域空间结构和区域产业结构（以制造业为重点）对物流园区规划的影响及作用机理。本书研究的理论意义主要体现在以下两个方面。

（1）丰富了物流园区布局规划的研究内容。本书从区域经济增长、区域产业结构和区域空间结构三个角度探讨了物流园区与区域经济发展的关联机理，弥补了区域物流园区规划缺乏经济理论支撑的缺憾。

（2）初步形成物流园区布局规划的理论与方法体系。区域经济发展是物流园区发展和高效运行的基本前提和条件，因此在区域物流园区布局规划的过程中，若能较好地考虑园区规模、层次与区域经济发展水平和产业结构的协调，可有效避免物流园区规划不当所造成的资源浪费和设施闲置，必将对我国综合性物流园区规划建设起到重要的指导作用。本书基于物流园区与区域经济增长、区域产业结构和区域空间结构的关联，期望建立系统的区域物流园区布局规划的理论与方法架构，为我国区域物流园区的科学规划和实践建设提供一种新的思路，并对进一步完善区域物流园区规划理论起到抛砖引玉的作用。

1.1.2.2 现实意义

本书所构建的物流园区布局规划理论和方法体系，对于促进我国区域物流园区的科学规划和实践建设具有重要的指导作用，对于改善目前我国区域物流园区规划理论依据不足、投资效益低下等诸多状况具有重要的实践意义。具体而言，其现实意义体现在以下几个方面。

（1）科学规划物流园区将有效提高物流服务效率。物流园区作为连接多种运输方式、集聚多种服务功能的基础设施和公共服务平台，已经成为提升物流运行质量与效率的关键环节。科学规划物流园区有利于发挥物流设施的集聚效应，有利于促进多式联运发展，有利于促进社会物流的有效组织和有序管理，有利于促进物流业布局和运作模式优化，进而促进物流服务效率的有效提升。

（2）科学规划物流园区将有效使土地资源的利用集约化。科学规划物流园区，可以通过整合分散于各类运输场站、仓房、专用线、码头等物流设施及涉及装卸、搬运等环节的配套设施的用地，促进专业化、社会化物流企业承接制造业和商贸业分离外包的物流需求，减少原有分散在各类企业内部的仓储设施用地，提高土地使用效率。

（3）科学规划物流园区将有效推进节能减排和改善生态环境。科学规划物流园区，有利于优化与仓储、配送、转运等物流环节相关的物流设施的空间布局，促进物流资源优势互补、共享共用，减少设施闲置，降低能耗；有利于提升物流服务的组织化水平，优化运输线路，降低车辆空驶率，减少排放，改善环境。

1.2 相关概念的界定

1.2.1 物流园区的概念明晰

物流园区（Logistics Park）的概念最早由美国配送中心（Distribution Center）的概念衍生而来。20 世纪 60 年代起，货物配送的合理化在美国得到普遍重视。为了提升流通领域效益，美国企业采取了以下措施：一是将老式仓库改建为配送中心；二是引进电脑管理网络，对装卸、搬运、保管实行标准化操作；三是连锁店共同组建配送中心，促进经营效益的增长。这些措施的实施，促进了各类物流配送中心的迅速发展。同时，借助电脑网络化管理，美国将众多的配送中心，以及生产、零售企业乃至大的消费群体联成一体，使配送中心成为供应链的核心。

物流园区在日本也被称为物流基地或物流团地（Distribution Park）。它最早出现于 1965 年，是一个空间概念，指多种物流设施和不同类型的物流企业在空间上集中布局的场所，是具有一定规模和综合服务功能的物流集结点。日本政府从城市整体利益出发，为解决物流量增加所带来的城市功能紊乱、交通拥堵、环境恶化等问题，在郊区或城乡结合部交通主干道旁专辟用地建设物流园区，其属城市功能性设施。

随着物流园区规划建设的开展，欧洲各国成立了物流园区联合会来协调各国物流园区的规划建设和运营。欧洲物流园区联合会在其编写的《2000 年物流园区研究报告》中指明了物流园区的含义：物流园区是一个预先配备多种方式的交通设施、具有提供物流运输和货物配送方面一切服务能力的园区，且由一个独立的第三方责任机构运营，其业务范围既包括国内物流也包括国际物流。此外，意大利的物流园区是指具有各种内部组织结构且可以提供多种服务能力的组织方式，使得入驻企业在不同的交通设施之间实现货物交换，以实现与海港、空港和其他交通设施的连接。荷兰的物流园区强调的是铁路运输服务中心、国内重要的中转站、贸易港口，注重的是铁路运输服务中心与邻近的新工业区的配套服务。

国内学者对物流园区概念的探索始于 2000 年左右，具有以下几种代表性的表述。汪鸣（2002）认为，物流园区是对物流组织管理节点进行相对集中建设与发展的具有经济开发性质的城市物流功能区域；同时，也是依据相关物流服务设施进行的与降低物流成本、提高物流运作效率和改善企业服务有关的流通加工、原材料采购和便于与消费直接联系的生产等活动的具有产业发展性质的经济功能区。王德荣（2002）认为，物流园区是指物流作业集中的地区，是在几种运输方式衔接地将多种物流设施和不同类型的物流企业在空间上集中布置的场所，也是一个具有一定规模和多种服务功能的物流企业集结点。韩勇（2002）认为物流园区是指由分布相对集中的多个物流组织设施和不同的专业化物流企业构成的具有产业组织、经济运行等物流组织功能的规模化、功能化的区域，除了一般的仓储、运输、工业加工和流通加工等功能外，还具有与之配套的信息、咨询、维修、综合服务等服务项目。

2006 年修订的中华人民共和国国家标准《物流术语》（GB/T 18354—2006）中对物流园区的概念解释为：物流园区是指为了实现物流设施集约化和物流运作共同化，或者出于城市物流设施空间布局合理化的目的而在城市周边等各区域，集中建设的物流设施群与众多物流业者在地域上的物理集结地（GB/T 18354—2006，定义 2.15）。2013 年，国家发展改革委等 12 部委联合发布的《全国物流园区发展规划（2013—2020 年）》提出，物流园区是物流业规模化和集约化发展的客观要求和必然产物，是为了实现物流运作的共同化，按照城市空间合理布局的要求，集中建设并由统一主体管理，为众多企业提供物流基础设施和公共服务的物流产业集聚区。

综合上述观点，本书认为，物流园区是为了实现物流设施的集约化和物流运作的共同化，在政府规划指导下，在几种运输方式衔接地，由多种现代物流设施设备和多家物流组织机构在空间上集中布局所形成的，具有一定规模和多种服务功能的新型物流业务载体。物流园区一般是政府从区域整体利益出发，在城市周边地区、主交通干道附近开辟专用场地，并通过逐步完善各项配套基础设施、服务设施、提供各种优惠政策来吸引物流企业聚集，具有产业一致性或相关性且集中连片的物流企业集聚空间；在园区内部，按照专业化、规模化的原则组织物流活动，园区内各经营主体通过共享相关基础设施和配套服务设施，发挥整体优势和互补优势，实现物流集聚的集约化、规模化效应和促进载体城市的可持续发展。

1.2.2 区域物流园区及其规划的内涵

1.2.2.1 物流节点与区域物流园区体系的内涵

物流节点是物流网络中物流线路的连接处，也是物流网络中线路的起点和终点。物流节点与物流线路结合起来便构成物流网络。目前在学术界对物流节点的理解有广义和狭义两种。广义的物流节点是指所有执行货物的集散和储存功能的据点。在国际物流网络系统中，如香港、鹿特丹等国际物流节点城市，承担着重要的物流集散、调度、衔接、管理等功能。在区域物流网络系统中，物流节点按主体功能可分为转运型、储存型、流通型和综合型四大类，包括港口、铁路货运站、公路站场等交通运输枢纽，各类公共仓库以及现代意义上的物流园区、物流中心和配送中心等。狭义的物流节点特指具有综合功能的、伴随现代物流运作发展形成的物流园区、物流中心和配送中心等。其中，本书对区域物流园区规划的研究是基于物流节点狭义的内涵而进行的。

在同一个经济区域内，由于各地区的经济发展水平、区位条件等各不相同，各地区的物流园区在区域物流节点体系中的地位也就存在差异。这些地位、规模、功能、服务范围各不相同的物流节点就构成了一个等级分明的金字塔式的区域物流园区空间层次体系。这种层次性主要体现在以下几个方面：一是业务功能，这是划分物流园区层次的最主要依据，通常高层次的物流园区具有的物流服务功能多样化、业务量大，而低层次的物流园区所具有的物流服务功能较单一，业务量较小。二是辐射范围，物流园区的辐射范围等同于它的服务范围，通常高层次物流园区的空间辐射范围较大，低层次物流园区的空间辐射范围较小。三是分布数量，物流园区体系的层次等级呈金字塔式分布，通常最低层次的物流园区数量众多，较高层次的物流园区数量相对较少，最高层次的物流园区只有少数几个。根据上述分层理论，本书研究采用国际性枢纽型物流园区、区域集散型物流园区、地区配送型物流园区三级物流园区层次体系。

1.2.2.2 区域物流园区规划的内涵

区域物流园区规划是物流系统规划的一个重要组成部分，由物流园区发展规划和物流园区布局规划两部分构成。物流园区发展规划是指通过对所在区域的经济与社会发展环境以及物流需求产业的分析，确定区域物流需求总量，明确物流园区在区域物流系统中的定位，制定物流园区发展战略，并最终使区域物流园区的物流系统供给总量与区域物流需求总量保持均衡的规划设计过程。物流园区布局规划是指对城市区域物流用地进行定位、空间布局，对区内功能进行设计，对设备与设施进行配置，以及对物流园区经营方针和管理模式进行策划的过程。

经济学关于空间的理论研究与实践，主要划分为两个范畴，即宏观区域理论和微观区位理论。其中，区域理论也称为生产布局理论，旨在研究一定地域内，微观集合空间分布的产生及发展规律。区位理论也称为选址理论，主要研究的是微观经济单位或个体基于区位影响和决定因素产生的空间偏好与选址决策。根据上述理论，有关物流园区规划可以分为宏观空间布局战略规划、中观选址分析策略规划和微观平面设计执行规划三个层次，如图 1–2 所示。

物流园区宏观空间布局战略规划主要研究区域内物流园区的一般空间结构和理想规模等问题，是在阐述物流园区与其所依托地区的社会和经济发展水平关系的基础上，将区域经济发展及物流需求的不平衡性纳入区域物流园区空间布局规划过程中，明确区域物流园区发展顺序与规模层次，构建等级分明的区域物流园区空间层次结构。

中观选址分析策略规划主要研究各层次物流园区的建设数量和理想位置

的选择问题，是在一个具有若干需求点的经济区域内选择一个或若干个地址设置物流园区并确定各园区规模。物流园区的数量、规模和分布直接影响到物流系统的服务成本及服务范围，所以园区选址是物流系统规划中至关重要的环节。

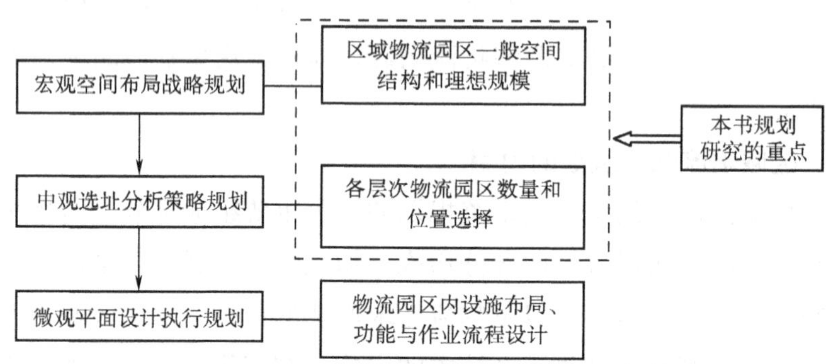

图 1–2　物流园区规划层次体系示意图

资料来源：笔者研究整理。

物流园区的微观平面设计执行规划也可以称为物流园区平面布置，指对位置已选定的物流园区的具体功能、作业流程和生产工艺，相关的硬件设施设备选型与配置等进行设计，此阶段的规划重在物流园区各生产要素的空间组合优化。

上述三个层次共同构成完整的物流园区布局规划体系，但本书中所涉及的区域物流园区的布局规划侧重于宏观和中观层次，所研究的内容主要包括图 1–2 中宏观空间布局战略规划和中观选址分析策略规划，主要解决的问题是各级物流园区的空间结构、合理规模及布局选址等问题，不涉及物流园区内部功能布局的研究。

总体而言，本书的区域物流园区规划是指在区域物流总体规划框架下，综合考虑各城市经济发展现状、产业结构、交通基础设施及未来规划、城市等级及功能定位等多种因素，确定区域物流需求总量，制定物流园区发展战略，合理划分各地区物流园区的层次和规模，并确定各层次物流园区的数量和选址，从而使得区域内各物流园区及其所在城市之间供需相互协调，使整个区域物流系统发挥出最大效益。

1.3 研究内容与研究方法

1.3.1 主要研究内容

区域物流园区的布局规划问题是应用经济研究领域的新热点，而区域经济发展问题一直是区域和城市经济学研究领域里被学者们广泛关注的问题。在区域经济发展方面，理论界已经进行了较为深入的探讨，形成了一些比较完善的理论。但是，将物流园区发展与既有理论相结合的研究还相对欠缺。基于此，本书旨在通过将现有区域经济相关理论用于指导物流园区规划实践，为区域物流园区布局规划提供较为完整的理论依据与科学的规划方法。

本书的主要研究内容包括以下几个方面。

（1）区域物流园区与区域经济增长的关联机制。区域物流园区与区域经济增长的关联机制，主要以输出导向型区域经济增长理论为基础，在对原有模型修正的基础上，构建融入物流园区发展的区域经济增长累积模型，并从三个层次剖析物流园区发展与区域经济增长的累积路径。其中，三个层次指：一是物流园区的发展通过技术变化率、流通成本、交易成本、出口配套服务等多种路径促进区域输出；二是区域输出增加拉动区域经济增长；三是区域经济增长推动物流园区的进一步发展。

（2）区域物流园区与区域空间结构演变的关联机制。区域物流园区的布局规划还受到区域空间结构演变的影响，因此，本书在对区域空间结构内涵进行阐述的基础上，分别从分工和专业化、要素的集聚与扩散、产业结构升级和技术进步等几个方面探讨了区域空间结构形成及演化的影响因素。随后，本书又探讨了物流园区对区域空间结构的作用机制，主要包括物流园区发展对区域分工和专业化的影响路径、对集聚与扩散的影响路径、对产业结构升级以及技术进步的影响路径。最后，本书探讨了基于非均衡的区域空间结构具体模式对物流园区空间层次规划的作用机制，提出了区域物流园区空间层次划分方式及各层次间的作用机制。

（3）区域物流园区与区域产业结构的关联机制。区域物流园区与区域产业结构的研究侧重于物流园区与区域内各产业，尤其是与制造业的关联与互动机制。首先，在物流园区产业关联效应分析的基础上，分别探讨了物流园区发展促进物流产业以及第一、第二、第三产业发展的作用方式。其次，本书将制造业集聚纳入物流园区规划的分析过程，从社会分工视角、交易成本视角、竞争优势视角和生态群落视角探讨了物流园区与区域制造业的关联与互动机理，并进一步以产业属性和空间属性的交互关系为切入点，从产业互动和空间互动两个方面探讨了物流园区形成与制造业集聚之间的关联方式。

（4）基于区域经济发展的物流园区规划模型的构建与案例研究。基于物流园区与区域经济发展关联机制的理论分析，本书提出了区域物流园区规划的总体思路，并构建了基于区域经济发展的物流园区规划模型与方法。构建的模型主要包括，物流园区与区域经济增长关系的耦合测度模型、区域物流需求量预测模型、物流园区空间层次规划模型和基于产业关联的物流园区布局选址模型。最后，本书以京津冀地区为研究对象，将所构建的物流园区规划模型加以具体应用，并就提升区域物流园区建设水平给出了对策建议。

1.3.2 基本研究方法

本书研究过程中，先后采用了系统分析、因素分析和实证分析等多种方法。具体而言，本书的研究方法主要包括以下几种。

（1）系统分析方法。区域是当今经济发展的重要载体，在市场经济的作用机制下，区域的经济状况、空间结构布局、产业结构类型等都是区域经济发展的重要模式和表征。因此，本书从区域经济增长、空间结构和产业关联等多个角度，系统论证了物流园区与区域经济发展的关联机制。

（2）因素分析方法。在区域经济增长与物流园区发展的关系论证上，考虑了区域技术进步、流通成本、交易成本、出口配套服务等多个影响变量因素。在区域空间结构与物流园区发展的关系论证上，全面考虑了分工和专业化、集聚与扩散效应、产业结构升级及技术进步等因素。在区域产业（尤其是制造业）与物流园区发展的关系论证上，从社会分工视角、交易成本视角、竞争优势视角和生态群落视角对制造业与物流园区的关联互动机制进行论证，并从产业互动和空间互动两个方面分析了物流园区与制造业集聚的作用方式。

（3）模型分析方法。在系统分析的理论框架下，本书采用模型分析的手段，将所研究的问题进行高度抽象，构建了基于区域经济发展的物流园区规划模型与方法，主要包括物流园区与区域经济增长关系的耦合测度模型、区域物流需求量预测模型、物流园区空间层次规划模型和基于产业关联的物流园区布局选址模型等。

（4）案例分析方法。本书以京津冀地区为实证对象，将所构建的物流园区规划布局框架与方法体系加以具体应用，接受实践的验证，并指导实践的发展。

2 物流园区规划理论及相关研究

区域经济发展与物流园区的规划问题已经成为经济学、管理学、规划学等学科共同关注的课题，但各学科研究的侧重点有所不同。理论研究是应用研究的基础，从这一思想出发，本章首先从区域经济增长、区域空间结构及区域产业关联三个方面分析了区域经济发展与物流园区规划的相关文献，以期为基于经济发展关联机制的物流园区规划的研究奠定理论基础。其次，本章从物流需求预测、物流园区规模确定及布局选址三个方面对现有的区域物流园区规划的相关研究进行回顾，以寻求并明确本书的切入点及立意所在。

2.1 区域经济发展与物流园区发展的关系

目前，有关物流园区建设规划、运营管理等方面的研究较多，而有关物流园区发展与区域经济发展关系的研究多体现于物流园区的构建与发展对区域经济发展的影响方面。

2.1.1 物流园区发展与区域经济增长关系的研究

2.1.1.1 物流园区发展对区域经济增长的影响机理

国内外文献大致从促进产业集聚、促进资源要素的合理优化配置、有助于带动就业和物流企业的发展，以及培育第三方物流市场等方面阐述物流园区发展对区域经济增长的影响机理。如，戴倩、杨家琪（2013）认为，物流园区是某些城市或区域的增长极，它不仅可以形成较强的规模经济，而且通过乘数效应、极化—扩散效应影响其他产业发展。Andrius Jarzemskis（2007）在《作为一种协作方式的物流园区研究》中阐述了物流园区对交通运输、供应链、第三方物流以及全社会的作用。詹森等（John Jensen，Clarence Woudsma，2008）在《城市与物流用地利用》一文中描述了区域物流与城市系统中各要素之间的因果关系。Eiichi Taniguchi 等（1999）在《公共物流园区选址规划与规模优化》一文中对物流园区的功能进行了系统研究，提出物流园区在节约资源、降低成本、缓解交通压力等方面起着重要作用。此外，本特森等（Palsaitis R，2004；Bentzen K，Heikkila L，2005）也对物流园区与区域经济其他系统的关系进行了研究。张晓东（2004）在对物流园区发展历程和相关理论进行综合阐述基础上，对物流园区与地区经济发展的关系进行了深入研究。王建飞（2006）的研究从促进第三方物流发展、构建区域物流网络、提高物流企业竞争力和经营环境入手，分析了物流园区对地区经济的具体作用。于春荣（2007）指出，物流园区的发展能够减少企业物流支出降低成本、优化整合供应链节约资源、实行专业化分工优化资源配置、提供全方位服务促进企业发展、实行集中运输减少环境污染、实现帕累托改进提高经济效率，通过带动其他产业的发展达到促进区域经济发展的作用。姜慧韬（2008）在其研究中指出，物流园区可以缓解城市交通压力、促进城市用地结构调整、减少城市环境污染等，进而达到促进城市发展的目的。

2.1.1.2 物流园区发展对区域经济增长贡献的实证研究

相关实证研究因采用的研究方法不同大致分为两类：一类是基于区域经济增长、产业集群、供应链等相关理论等的定性分析。如：崔素洁（2006）基于涓滴效应讨论了临港物流园区对大连区域经济的辐射；顾亚竹（2008）以洋山港物流园区为例，定性分析了其对临港新城及南汇相关产业的带动作用；韩立清、晏启鹏（2005）从供应链的角度评估了深圳笋岗物流园区对区域经济的贡献。另外一类是采用不同量化方法进行定量分析。如：董明伟（2012）采用系统动力学方法对珠三角物流园区与区域经济系统进行了仿真模拟，研究发现，综合改变园区投资占比、物流人才效益系数、投资转换率等多种因素时，珠三角物流园区与区域经济能更好地互动和协调发展；戴倩、杨家琪（2013）以池州为例，采用投入—产出分析方法分析了建设池州现代物流园区的每 1 元投资将会贡献 16.7 元国内生产总值，其中，直接贡献值为 0.4 元，间接贡献值为 16.3 元。

综合上述研究成果可以看出，物流园区作为综合性的物流服务供应者，涉及领域广，促进生产拉动消费的作用巨大，在促进产业结构调整、转变经济发展方式和增强国民经济竞争力等方面发挥着重要作用，已经成为区域经济合作中的重要一环。物流园区物流体系的建设有效地推动了区域其他各类体系间的协调运作，成为区域经济增长的推动力之一。此外，物流园区有利于构建现代物流网络体系，提高综合服务能力，达到缩短生产周期、供货时间，降低成本，提升快速反应和盈利水平的目的，从而改善地区综合投资环境，拓宽本地区融资和投资渠道，促进区域经济发展。但是，上述研究多局限于从定性角度分析物流园区与区域经济互动的关系，只有少数学者以经济增长理论为支撑，从定量角度来探讨物流园区发展与区域经济增长的关系。

2.1.2 物流业与区域空间结构关系的研究

虽然目前还鲜有物流园区与区域空间结构关系的研究，但是有关物流产业影响城市或区域空间结构这一课题，已经取得了大量的研究成果。如，刘秉镰（2007）在对城市空间结构演化的动力——分工和专业化以及聚集效应——探讨的基础上，进一步分析了物流业对区域分工和专业化的作用机制以及对城市集聚与扩散的影响方式。毕波、庄建伟（2004）分析了现代物流的发展对城市功能组织、空间结构及空间形态的影响。韩增林、郭建科（2006）分析了现代物流业影响城市空间结构的机理，指出现代物流业的产业特性使其具有特殊的企业组织与产业关联效应，不仅影响城市产业布局，而且通过由此产生的空间特性，即物流业区位偏好、物流园区建设以及网络化城市物流节点布局模式的构建参与城市空间结构的演化。刘军（2008）指出，现代物流业发展对于城市空间结构演变动因的影响主要侧重于经济因素，进而改变企业的选址决策，最终优化城市空间结构。何添锦（2009）认为现代物流业对城市群要素的聚散效益产生重大影响，并通过空间结构的优化促进城市群经济良性运行。廖建英、刘勇（2008，2010）通过探讨物流对城市空间结构衍化的主要动力——分工、专业化与集聚效应——的影响，剖析了物流业对城市空间结构的作用机制，并基于此提出了城市物流布局规划。李田心（2010）

基于现代物流产业的实体与功能两个角度，通过分析现代物流产业与聚集经济的关系及其空间自组织，探索了现代物流产业影响城市空间结构的机制。

现有文献关于物流业与区域空间结构演变关联机制的研究均遵循相似的分析路线，即首先分析区域空间结构演变的动力或影响机制（如分工和专业化、集聚和扩散机制等），然后通过分析物流业对这些动力机制的影响，剖析物流业对区域空间结构的作用路径。这种展开方法为本书探讨物流园区与区域空间结构关联机制提供了分析思路。

2.1.3　物流园区与区域产业结构关系的研究

目前，在研究物流园区与区域产业结构关系方面的文献较少，主要可以划分为理论研究和实证研究两个方面。

2.1.3.1　理论研究

理论研究方面，主要探讨区域制造业和商贸业的发展与集聚通过产业关联机制促使物流园区的空间集聚和特定位置的选址布局。如，李佳（2008）指出，现今制造业和商业企业不断追求增强核心竞争力而将非核心业务外包，使得物流需求越来越复杂，从而促使物流园区得以聚集，以使企业能方便地寻找到不同特色物流服务提供商，并形成默契的一体化物流服务合作关系；此外，作者还在分析临港物流园区对物流产业发展推动作用的基础上，进一步阐述了临港物流园区对相关产业的带动以及对区域产业结构优化的促进。王福华（2008）认为，物流需求作为一种派生形成的需求，与第一产业、第二产业的关系十分密切，尤其与生产制造企业、商贸企业的发展有直接的联系，所以区域产业结构的调整促使物流节点由原来的单一保管功能发展到收货、分货、装卸、流通、加工和配送等多种功能，进而促进了物流企业的空间集聚，形成了物流园区。

2.1.3.2　实证研究

实证研究方面，主要集中于基于产业关联的物流园区规模的确定。如，刘勇、聂规划和梁越岭（2009）通过研究产业间的投入与产业关系，结合城市物流需求，考虑物流流向、物流外协、物流园区规划时间、物流园区辐射范围以及物流运输方式对物流园区建设规模的影响，建立了基于产业关联的物流园区规模测定模型，并以邢台市为研究对象进行了实证分析，验证了该方法的可行性。李大颖（2007）认为，区域间的物流需求来源于区域之间产业发展的差异互补性和产业关联性，尝试建立模型，通过区域产业结构来确定物流园区区域物流量规模大小，并以北京市为例进行了实证检验。

综合以上研究可知，在区域经济发展的过程中，随着区域行业性“增长极”的出现，区域内相关的企业和生产力要素也会逐渐被吸引过来，形成行业性的相对集中和聚集，同时为该行业提供物流服务的物流企业也会呈现相对集中的趋势，从而促使物流园区得以形成。因此，物流园区与区域各产业均有较强的关联性，在对物流园区规划的过程中，应将其与区域产业结构的关联机制纳入研究范畴。

2.2 物流园区规划的相关研究

目前物流园区规划尚未形成系统的研究模型和成熟的方法体系，多数研究集中于某个单项环节，如物流需求预测、物流园区规模确定、物流园区布局规划，本节将从这三个方面对现有研究进行归纳、总结，并挖掘现有研究的不足以明确本书研究的切入点。

2.2.1 物流需求预测相关研究

随着对物流系统运行规律认识的不断深化以及物流基础设施规划及建设实践经验的积累，人们越发认识到有关物流需求的理论研究和实践应用是做好各类物流规划和合理配置物流资源的基础性工作。近年来，国内外多位学者对物流需求的预测进行了有益的研究和探索。

国外学者很少对物流需求进行直接预测，而是对运输需求进行预测。在水路运输需求预测方面，希尔（Hill）等人（1978）对明尼苏达州的明尼阿波利斯和圣保罗地区所有船只运输进行预测，以确定未来往返于该区域的水运需求。巴克斯顿（Buxton，1982）对铁路和水路两种运输进行预测，并将铁路与水路运输的市场份额预测结果应用于美国农业部门的粮食销售预测中。在航空运输需求预测方面，张安民等（Anming Zhang，Tae Hoon Oum，2000）提出了一种用于航空公司确定其租赁方式的模型，该模型可根据市场需求变化与租赁固定成本和可变成本来确定预测结果。杰姆斯等（James Walter，Poore，1995）建立模型对航空运输未来需求进行了预测。Bahram Adrangi（2001）等在分析航空月报数据的基础上，运用 G（1,1）和 G（3,1）灰色模型对航空需求做了预测，据此对美国航空业服务的非线性特征做出了合理的分析。在铁路运输需求预测方面，迈克尔等（Michael W Babcoock、Xiaohua Lu，1999）利用时间序列分析模型对短期的铁路谷物货运进行了预测。在公路运输需求预测方面，Kerrimn L P Mruss，Peng（2004）运用 GIS-P 建立了马尼托巴的公路谷物流通预测模型，以预测在乡村公路网上的特殊日用品货物公路货运活动量。

我国学者借助多种预测方法和技术，对物流需求预测进行了大量的研究。应用回归模型进行预测的研究主要包括：刘劲、谢涛（2002）、李慧（2004）、汪宇瀚（2006）和杨帅（2007）均运用线性回归预测模型，对运输物流和区域物流需求进行了相关预测；王小忠（2005）建立了物流量的回归预测模型和时间序列预测模型。杨荣英、张辉等（2001）提出了物流预测技术的移动平均线方法，并结合实例进行了介绍。

应用投入产出法进行预测的研究包括：过秀成、谢实海、胡斌（2001）将投入产出法运用于物流需求预测，构造了多区间投入产出模型和空间价格均衡模型相结合的区域物流需求分析模型；刘秉镰（2004）提出了基于价值量的物流需求预测方法，该方法尝试打破用货物运输统计代替物流量作为规划依据的传统，利用投入产出模型较为准确地描述了区域国民经济各主要部门对物流业的直接和间接消耗关系，并以此为基础提出了基于产业关联的物流需求定量测算方法。刘长秀、张悟移、林强（2005）基于价值量和实物量对云南省物流需求进行了预测。

应用灰色理论及模型进行预测的研究包括：张凤荣、金进武首次采用灰色系统理论建立物流货运量预测的 GM（1,1）模型；李玉兰采用 GM（1,1）模型对货运总量和公路货运量进行了预测；陈森、周峰（2006）利用灰色系统理论对我国物流需求进行了建模分析；林桦（2002）、柴大胜、黄智星、申金升（2007）利用灰色模型对物流园区的货流量等进行了预测。此外，盖春英、裴玉龙（2003）将灰色系统理论与马尔可夫链相结合，提出灰色模型——马尔可夫链预测公路货运量的方法，并结合“十五”期间中国公路货运量和公路货运市场发展趋势的预测分析详细阐述了该方法的具体应用。

在物流需求预测中，部分文献基于BP神经网络的物流预测方法进行了研究。如：张拥军、叶怀珍等（1999）通过构建神经网络模型对运输货运量进行了预测；缪桂根（2007）、耿勇、鞠颂东等（2007）通过应用BP神经网络技术，分别对区域物流需求量进行了预测。

此外，张锦（2004）运用L–OD的预测方法对物流需求进行了预测。王晓原、张敬磊（2004）采用集对分析聚类方法建立区域物流规模预测模型。初良勇、田质广、谢新连（2004）通过对物流需求影响因素的分析，建立物流需求组合预测模型，并以实例进行分析和验证。张云康、张晓宇（2008）也通过建立组合预测模型对宁波港集装箱吞吐量进行了预测。陈黎（2006）在对物流需求变化的影响因素进行分析以及对物流需求指标进行选取的基础上，采用回归模型、灰色预测方法、加权组合模型对湖北物流需求进行预测，使最终的预测结果收敛于一个较窄的区间内。赵闯、刘凯、李电生（2004）在分析现有货运量预测方法所存在问题的基础上，建立了货运量预测的支持向量机模型。崔淑华、王娜、胡亚南（2005）对影响公路货运量的相关因素常用指标进行主成分分析，提取出影响货运量的隐性因素，并解释了它的经济含义。

综上所述，物流需求预测方法主要包括两类：一是运用历史数据，将影响物流需求的因素做回归分析后，再进行需求预测；二是运用历史数据，采用时间序列方法进行需求预测。这些研究对物流需求的预测多是直接利用货运量或物流数据本身，虽然探讨物流需求与区域经济要素之间的关系具有一定的综合性考虑，但忽视了物流供给能力动态增长对物流需求的反馈影响。同时，物流园区是一个高度非线性、高阶次、多变量、多重反馈、复杂多变的大系统，这种一次性预测的定量预测方法难以真正体现物流需求复杂的影响因素以及这些因素之间的动态关系。传统的回归模型和时间序列预测模型对于历史数据的精确性要求较高，物流业作为一个新兴产业，相关统计数据缺失，难以满足这一要求。再者，这些模型要求系统结构稳定，而物流业属于生产性服务业，物流需求属于衍生性需求，物流产业系统往往极其复杂，很难构建出精确而又稳定的定量模型。针对这些缺陷，本书将基于经济发展关联机制对区域物流园区进行规划，通过对区域经济指标的趋势分析来预测物流需求指标，即通过分析区域物流需求的影响因素及其内在联系，以各影响因素的统计数据作为输入变量，建立模型并仿真得出物流需求量预测值。

2.2.2 物流园区规模确定相关研究

园区规模的确定是物流园区规划建设中的一项十分重要的内容，目前国际上还没有一套较为成熟的物流园区规模确定方法。因此，对于物流园区的规模确定的研究仍处于探索阶段。目前，国内外关于物流园区规模预测定量分析的研究多集中于运输学及经济学，且以定量分析为主。

国外关于此类问题的代表性研究有哈格特·彼得（Haggett Peter，1997）借助排队论和非线性理论，研究物流园区理想区位与规模问题，并设计了双层数学模型求解既有交通网络条件下物流园区的最佳位置。道彦则武等（Michihiko Noritake，Eiichi Taniguchi，1999）针对公共性物流设施，利用排队论及非线性规划工具建立了考虑交通区位条件的最优设施规模与选址模型（物流中心规模的双层规划模型），并成功应用于日本京都—大阪地区的公路网络规划中。陈（Chen，2001）根据有关决策数据的模糊性，提出了用于物流配送中心选址规模分析的多目标优选决策方法——综合评判，并给出了算例分析。弗朗西斯科·埃斯科韦多（Francisco Escobedo，2001）在对圣地亚哥周边区域经济研究的基础上，通过对价值链理论的分析，提出了以产品价值的流向来指导区域物流规划的观点。费舍尔（Olive Fisher，2002）将区域物流系统规划分为网络规划和节点规划两部分，其中，网络规划沿用传统的运输规划程序的思想，即“四阶段法”，节点规划则根据节点功能的不同划分为生产型配送、消费型配送和运输转运三类中心进行选址和规模的研究。Kalfakakou 等（2003）建立了一种考虑具有多种产品相容性关系的仓库数优化模型，借助图论表述，利用启发式算法来进行求解，并进行了实例研究。此外，还有贝克曼等（Beckman，1956；Weber，1994；Drener，1995）学者运用运筹学等理论对物流园区位置的确定和规模进行研究。道彦则武等（Noritake，Kimura，1990）利用整数规划提出了海港规模的模型。

近年来，国内有关物流园区规模的研究逐渐增多。如，张锦（2004）提出了四个物流节点规模的定性影响因素，即物流作业量、作业效率、对时效性的要求和用地条件，认为物流节点的规模与物流需求量成正比，书中虽然未对物流节点规模确定提出定量和详细的研究，但却为城市物流节点规模确定问题提供了很好的参考价值。程世东、刘小明（2005）基于物流园区提供的时空资源与货物需要的时空资源保持平衡的原理，运用时空消耗理论建立了物流园区规模预测模型，并将该模型应用于北京城市物流系统规划。孙洪茹（2005）从定性角度分析了城市物流节点的规模和布局问题。潘文安（2005）对单个物流园区规模进行了比较详细和深入的研究，提出了规模确定的原则、程序，并结合物流园区设施的配置，最终确定物流园区的面积。吴清一（2006）在总结国外物流节点规划的数据基础上，给出了物流节点建设的一些重要参数，同时还列举了日本、韩国、荷兰、比利时、英国、德国等已建成的物流园区的用地规模，这对国内物流节点的建设具有一定的参考意义。陶经辉等（2006）以物流园区的布局与城市的布局结构相适应为约束条件，以物流园区建设成本、管理运营成本和配送成本三种成本构成的总成本最小化为目标函数，构建了物流园区数量确定和选址规划的约束非线性模型，并通过实例对模型进行了验证。此外，在假设物流园区总规模确定的基础上，陶经辉（2005）还探讨了一种基于专家群决策的各具体物流园区分摊比例的确定方法模型，以达到确定各具体物流园区规模的目的。孙单智（2006）研究了城市物流节点的规模与分布问题，并将其成功应用于宜宾市现代物流发展规划。岳意定、刘志仁（2007）结合模糊集理论和多属性群决策理论，提出基于模糊语言多属性群决策的物流园区规模确定模型。耿勇（2007）在构建物流需求分析模型、物流基础设施网络规模与经济协调发展的协调系数计算方法基础上，构建了物流基础设施网络合理规模确定模型。此外，许扬帆（2001）、姚志刚（2003）、胡良德（2005）也对物流节点中的物流基地（物流园区）的规模确定进行了研究。

总之，关于物流园区总规模及各具体节点规模确定的研究中，主要依据处理对象本身的特性构建约束数学模型，或依据实际经验、统计数据来确定数量与规模推算公式，主要采用的求解方法包括数学规划模型、数据包络分析、遗传算法、经验公式、模糊数学、灰色理论等。而在实际规划中，物流园区等设施的数量确定与规模大小与城市在区域经济系统中的定位、城市经济发展水平、城市总体规划、城市物流需求等诸多因素相关，而且许多因素难以定量。

2.2.3 物流园区布局相关研究

目前，有关物流园区布局的研究较为丰富，主要可以分为宏观定性研究和微观定量分析两大类。

2.2.3.1 物流园区布局的宏观定性研究

物流园区布局的宏观定性研究主要针对区域各城市或地区的物流产业及物流园区的发展现状，从宏观定性与布局政策层面上进行物流节点层次布局规划问题的研究。

在物流节点层次的研究中，王之泰（2001）、邹珺（2002）、耿兴荣（2003）、孙单智（2004）、王淑琴（2005）、胡良德（2005）、闫枫逸（2005）、阎利军（2007）、邓蓉（2007）等都将物流节点分为物流园区、物流中心、配送中心三层体系。物流节点体系作为一个多层次结构，其分层涉及因素多、指标定量分析难度大，目前较多采用定性分析方法，或更全面的态势分析方法。王槐林等（1998）结合国外物流园区发展实例，就规划的层次性给出了较好的建议，但并未给出物流节点层次如何划分的方法体系。王德荣（2002）结合国外物流园区发展实例，阐述了物流园区的概念，着重强调要加快物流园区建设必须有好的规划，并就规划的层次性给出了建议。吴清一（2006）提出了物流节点的分类，认为城市物流节点体系可以分为单层物流节点布局和多层物流节点布局两类，但未深入分析城市应该如何选择物流节点层次体系。刘洁、刘凯（2009）提出物流网络中不同层次节点设施内涵、功能以及层次化布局的方法，并以内蒙古为例进行了实证分析。吕晓静等（2010）从物流节点城市等级划分出发，借鉴城市竞争力评价体系，综合物流需求和供给、物流业内外部影响因素和物流业与其他相关行业的关系，构建了基于等级划分的物流综合水平评价指标体系。

近年来，有一些学者还尝试利用量化方法如层次分析法、主成分分析法、模糊聚类分析法等来对区域物流系统层次进行定位。例如，李红启、刘凯、贺国先（2004）利用主成分分析法对物流网络节点城市的等级划分进行了研究。葛喜俊（2006）利用 AHP（层次分析法）综合评价初选方案，确定物流节点布局的层次结构，并将该方法应用于贵阳市城市物流节点布局规划。郭红霞、栗庆耀（2006）通过相关性分析和空间差异度分析，建立了物流节点类型确定的综合指标体系，并采用模糊聚类方法，构建出台州市物流节点空间布局的层次体系。

由以上文献可知，目前有关物流园区的层次分类多为定性分析，主观性较强，缺乏物流园区层次划分的经济理论探讨和微观机理分析。为了弥补缺陷，本书借助于区域空间结构理论中的非均衡发展理论来探讨物流园区的发展模式，基于物流园区布局的特性，在对物流园区体系概念界定的基础上，将“非均衡发展理论”用于指导物流园区体系的建设，理清物流园区体系空间层次关系。

2.2.3.2 物流园区布局的微观选址研究

目前，物流园区布局的微观选址研究主要通过定量或定性分析的方法来确定物流园区的合理位置。

（1）物流园区连续选址与离散选址模型的定量分析。定量分析是根据问题的特征、外部条件以及内在的联系建立数学模型，求解获得最佳布局方案。定量选址模型大致可分为连续选址模型、离散选址模型两大类。

①物流园区连续选址模型的研究。连续选址模型认为物流节点的地点可在平面上取任意点，其具有以下两个属性：一是解空间是连续的；二是距离是可测的。连续选址模型的代表性方法是重心法。重心法是一种静态的方法，它将物流系统中的需求点和资源点看成分布在某一平面范围内的物流系统，将各占的需求量和资源量分别看成物体的重量，将物体系统的重点作为物流节点的最佳设置点，利用求物体系统重心的方法来确定物流节点的位置，它的目标函数是使节点和给定需求点的距离之和最小。重心法在选址决策中一般只用于理论上的指导，实践中很少应用。怀特等（White，Francis，1974）

采用路线方法来解决直角距离选址问题，重心法解决欧式距离选址问题。鲁晓春（2000）对配送中心选址中常用的重心法进行了分析，认为重心法选址存在着错误，分析了其中的原因，并用流通费用偏微分议程来取代原有的计算公式。杨茂盛（2007）在考虑了配送中心的可变运营成本和固定成本缩减的基础上，提出了重心法的改造模型。

韦伯问题就是选择单个设施的地址，使得设施与给定需求点的加权距离最小，该问题一般用类梯度算法进行求解，该算法最早由魏斯费尔德（Weiszfeld，1937）提出，但他仅研究了简单的单设施选址的求解。

实际规划中，需要设置多个设施点向各需求点提供服务，Geoffrion（1974）最先研究了从生产商到物流中心、从物流中心到最终消费者的三级供应链上物流中心的选址问题，他假定物流中心可以处理多种商品、生产设施和物流设施有容量限制、客户仅接受一个物流中心的服务，就此问题建立了混合整数规划模型，目标是建设成本和运作成本最小，并提出求解问题的 Benders 分解算法。特拉斯科特等（Truscott and Wesolowsky，1975）研究了供应链上多阶段的选址—分配问题。罗辛等（Rosing，1992；Merle，1999）利用线性松弛成功求得多设施问题精确解。Pirkul et al.（1998）和 Jayaraman（2001）进一步延伸他们的研究，Pirkul et al. 研究了由多生产商、物流商和零售商构成的三级供应链，建立了工厂和物流中心选址模型，设计一种启发式算法求解所建立的 0–1 混合规划模型，Jayaraman 对三级供应链网络优化模型提出拉格朗日松弛算法。Tragantalerngsak（2000）提出一个单产品供应源的三阶选址问题，每一个物流中心的产品均来自一个无生产容量约束的工厂，每一个客户仅由物流中心提供服务，构成了一个有三个下标的整数规划模型，用拉格朗日启发式算法结合分支定界的方法求出问题的整数解，随后 Brimberg（2000）提出了求解该类问题的快速启发式算法。物流系统是一个动态、复杂的系统，供应商、消费者、配送网络、业务流程、经营环境或政府立法等发生变化时将引起供应链系统的变化，为了适应这种动态变化，物流节点需要重新设计，Hokey et al.（1999）用一个具体的案例说明了生产和物流中心设施再选址的原则，并提出 AHP 决策模型。

②物流园区离散选址模型的研究。离散选址指的是在有限的候选位置里，

选取最为合适的一个或者一组位置为最优，相应的模型就叫作离散点选址模型。它与连续选址模型的区别在于，它所拥有的候选方案只有有限个元素，只需要在这几个有限的位置进行分析。典型的方法有鲍姆尔—沃尔夫模型、Elson（埃尔森）混合整数规划模型、双层规划模型等。

鲍姆尔—沃尔夫法离散性选址模型和 Elson 混合整数规划模型都属于传统的节点选址模型，该模型是建立在整数规划法的基础上的，追求由运输费用、输送费用及可变费用组成的总费用最低，继承了传统选址理论的费用模型概念。艾肯斯（Aikens，1985）给出了线性规划、0–1 整数规划、动态规划等九种基本形式的选址模型，目标函数一般是使总的选址费用最小。谢实海（2001）分析了物流中心选址的 Baumol–Wolfe（鲍姆尔·瓦尔夫）模型、Elson 模型、非线性混合 0–1 规划模型的优缺点，通过增加考虑物流中心的建设费用和设施水平等因素，构造了区域物流中心综合选址。此外，还有一些研究对这些模型进行了扩展，如达冈佐（Daganzo，1996）考虑了货运路径选择的节点选址优化模型。霍姆伯格（Holmberg，1999）考虑了非线性运输费用的选址问题，并用分支定界法进行了求解。戴禾（2003）考虑了建设成本逐期投入的园区选址模型等。

DEA（数据包络分析法）美国运筹学家查恩斯等（A Charnes，W W Cooper and E Rhodes）在“相对效率评价”概念基础上发展起来的一种新的系统分析方法，DEA 是基于评价对象的输入、输出数据，通过建立数学规划模型对具有同质投入产出决策单元的相对有效性进行评价、排序的方法，适用于处理具有多个输入和多个输出的多目标决策问题。相关研究主要包括：Leem Byunghak（2002）通过采用 AHP、DEA 以及转运模型等方法研究企业物流网络多周期配置问题，在对复杂的企业物流网络多周期配置问题的决策本质、影响因素及其内在关系等进行深入分析的基础上，利用较少的定量信息使决策的思维过程数学化，从而为物流节点多目标、多准则或无结构特性的复杂决策问题提供简便的决策方法。程赐胜、苏玲利（2004）利用 DEA 的基本原理，从定性、定量两方面对影响物流中心选址因素进行了分析和测定，同时通过算例分析，验证了 DEA 在物流节点选址中具有较好的实用性和推广价值。张敏、杨超等（2005）把 AHP 与 DEA 相结合用于物流节点选址。

在定量分析方法中，双层规划选址模型的研究较为常见。一般上层规划问题是规划主体的行为，目的是使整个物流系统的总费用最小，下层规划问题是针对用户的行为，考虑路径选择和物流节点选择，建立用户平衡配流模型。日本著名教授 Taniguchi（1999）采用双层规划模型求解了高速公路交叉口附近运输网络中公共物流中心选址，上层规划目标是选址费用最小，下层规划考虑路网状况，遵循用户平衡条件对车辆进行平衡配送。陆化普（2001）应用双层规划对物流中心的选址问题进行了描述，模型应用遗传算法进行了求解。孙会君、高自友（2003）采用双层规划模型描述了物流配送中心的选址问题。但是，这些模型中仍存在着一些问题，如只考虑到物流节点的固定设施费用和运输费用，忽略了仓储对物流成本的影响，没有考虑物流节点设置与运输线路同时决策。陈菊（2006）针对以上问题改进了模型：上层规划从决策者的角度出发，通过考虑物流节点布局与运输作业、仓储作业成本间的关系，追求物流广义总费用最小；下层规划描述使用者的选择行为，对应于最大效用值选择物流节点及对应于交通条件选择运输路线。

此外，物流节点定量分析的研究文献还包括：杨立兴等（2007）构建机会约束规划模型，整合禁忌搜索算法、遗传算法和模糊仿真算法等多种算法，研究了模糊环境下的物流配送中心选址问题；韩勇（2002）运用多种数学方法，构造了物流园区选址模型；胡刚和王淑琴等（2002）提出了以物流中心自身能够取得的最大利益为目标的区域物流中心选址模型；杨波等（2002）建立了单品种随机需求选址模型，提出了单配送中心选址的量化处理方法。此外，杨波（2003）还对多品种随机数学模型的物流配送中心选址问题进行了研究，提出单配送中心选址问题的量化处理方法。陈才莲（2004）从第三方物流、客户、员工等多个角度应用品质机能法研究了物流中心的选址问题。戎晓霞等（2004）建立了不确定环境下的物流配送中心选址模型。许道涛（2004）运用动态规划方法，寻找出多时期、多配送中心的最优选址变化轨迹。龚延成、蔡团结（2004）建立了带时效性约束的物流中心连续选址模型，并借助 Matlab 优化工具箱的 fmincon（）函数求解。王健、余政峰（2007）提出了一种动态评价方法，该方法首先通过过滤—启发式算法解得几个可行的选址方案，再将 G1 法和熵值法确定的主、客观权重进行集成，接着借助指标满意度对定性和定量指标进行综合得到某一阶段的评价结果，最后通过各阶段评价结果的线性叠加得到各个选址方案的最终评价值。韩皓、王素玲（2009）提出了多级物流节点选址优化模型，将物流节点选址问题转化为函数最小值求最优解问题，用并行遗传算法求解整个物流网络规划方案的最优决策。

（2）物流园区选址的定性评价分析。节点选址的定性分析方法是指多属性决策法，对影响节点选址的相关因素赋予权重，并由具体的决策模型得出评价结果，最终选定最佳地点，常用的方法包括层次分析法、模糊综合评价法、灰色关联分析法等。

层次分析法是美国运筹学家萨蒂（T L Saaty）于20世纪70年代提出的一种对复杂现象的决策思维进行系统化、数量化的方法，又称多层次权重分析决策法。目前AHP是国内物流节点选址中应用较多的一种方法。如，傅新平（2002）分析了物流中心选址过程中各种影响因素，并得出它们在物流中心选址中的重要性排序，采用层次分析法大大简化了物流中心的选址过程。杨华龙（2003）阐述了区域物流基地的含义及其选址的原则，运用AHP建立了区域物流基地选址的递阶层次评价结构图，并以大连甘井子区物流基地规划选址为背景进行了案例分析研究。王威、赵福军等（2005）也将AHP应用于物流中心的选址，并介绍了采用此方法的具体流程。陈青丰、鲁建厦等（2005）提出了选址决策的非对称AHP，并通过实例验证了该方法的可行性。莫海熙、郜振华、陈森发（2007）论述了物流系统配送中心选址所涉及的众多影响因素，这些因素既有定性因素，又有定量因素，提出将层次分析法和目标规划方法相结合用于物流配送中心选址的模型。

模糊综合评判就是用模糊数学的理论对我们所研究的对象进行评价，模糊性是指客观事物中的不分明性和不确定性。综合是指评判条件包含多个因素，因此，模糊综合评判又可说是对受到多个因素影响的事物做出全面评价的一种有效的多因素决策方法。相关研究主要包括，T C Chu et al.（2005）基于改进的模糊多标准决策方法和层次模糊概念，研究了供应链网络中的配送中心选址问题。宋景芬（2004）等指出全程物流枢纽城市物流中心选址评价的一系列指标，并运用模糊综合评判模式对全程物流枢纽城市中心地址的选取进行评判。高更君、王震宇、黄卫（2004）结合多目标决策理论和模糊数学的知识建立公共物流中心选址多目标模糊决策模型。吴迎学、龙爱翔（2004）应用多级模糊综合评判方法对物流中心设计方案进行评优，从而确定出物流中心选址。张国方、包凡彪（2005）运用熵权值方法确定各个指标的评价权重值，建立多级模糊综合评判模型，对物流中心地址的选取进行了评判。范丽芳、江浩斌等（2006）将层次分析法和模糊综合评价法结合，建立了配送中心选址决策模型。

灰色系统理论是由我国学者邓聚龙在1982年创立的，是一种研究少数据、贫信息不确定性问题的方法，主要通过对“部分”已知信息的生成、开发，提取有价值的信息，实现对系统运行行为、演化规律的正确描述和有效监控。近年来，部分学者尝试将灰色系统理论引入物流节点选址分析中，如部振华、陈森发（2005）等在对物流中心选址的影响因素进行分析的基础上，构建了物流中心选址评价的指标体系，并运用多层次灰色评价方法建立了物流中心选址多层次灰色评价模型。凌春雨（2005）将层次分析法和灰色关联分析法结合起来，形成改进灰色关联分析法，对物流园区的选址问题进行了评价。张得志、谢如鹤等（2005）将组合评价法（模糊德尔菲法、层次分析法与灰色关联分析相结合）应用于物流园区的选址问题的分析评价。

通过文献梳理，我们发现，有关物流园区微观定量的分析多为选址模型和算法的构建，且过于注重数学方法的应用，欠缺对经济理论的宏观把握，其经济解释力不强。而通过定性评价来进行园区选址的研究，虽然考虑了众多的影响因素，但却存在主观判断较强、定量描述因素的分析薄弱等问题。因此，如何从系统角度出发，综合运用定量和定性的分析手段来规划物流园区的布局与选址是本书所要解决的重点。

2.3 研究现状评述

本章对支撑本书研究的两个方面内容进行了文献的综述。首先，从区域经济增长、区域空间结构及区域产业关联三个方面回顾了区域经济发展与物流园区规划的相关文献。区域经济增长方面，通过综述物流园区发展与区域经济增长相关关系，为后续第三章的研究提供了理论铺垫。产业关联方面，通过归纳目前有关物流园区与各产业关联机制分析的成果，得出物流与区域产业结构存在着强关联性的结论，这为物流园区的规模与布局提供了理论依据。空间结构方面，主要对物流业与区域空间结构关联机制的相关研究进行了梳理，为探讨物流园区与区域空间结构关联机制提供了分析思路。其次，本章从物流需求预测、物流园区规模确定和物流园区布局三个方面对区域物流园区布局规划的相关文献进行了必要的归纳，指出现有研究的不足，进而明确了本书的研究目标及切入点。

总体来说，国内外对物流园区的规划与布局问题做了大量的研究工作，大多涉及物流需求预测、园区规模确定及选址布局等问题，并提出了各种各样的解决思路和求解算法，但多数研究都将节点布局的每一阶段当作一个独立的系统来进行研究，而忽略了各阶段之间的相互作用、相互影响。此外，目前的研究多建立在成本优化的基础上，对物流园区布局选址与区域产业结构协调发展的关注较少。因此，如何从系统角度出发，综合考虑布局过程各阶段的综合影响，同时将物流园区规模与区域经济协调发展和成本优化进行有机结合，建立能够准确刻画区域物流园区规划问题的模型并给予合理的经济理论解释就显得格外必要，这正是本书的立意所在。

3　物流园区发展与区域经济增长的关联机制

物流园区通过将多种物流设施、多种类型的物流企业在空间上集中布局，实现了各种物流方式和物流形态的综合，它所具有的服务性、综合性和高渗透性等特性对区域经济增长具有有利影响。基于此，本章将尝试对物流园区发展与区域经济增长的关联与累积作用机制进行研究。首先，本章阐述了出口基地模型与其循环累积的增长过程。其次，在对原有出口基地模型修正的基础上，构建了融入物流园区发展的区域经济增长累积模型。最后，遵循修正后的出口基地模型的逻辑思路，分别从技术变化率、流通成本、交易成本、出口配套服务等角度剖析了物流园区发展与区域经济增长的累积作用路径。

3.1　出口基地模型与循环累积的增长过程

3.1.1　区域的外部需求是区域经济增长的源泉

不同国家和地区由于资源要素禀赋和经济基础的差异，所采取的发展模式也不尽相同。有些国家和地区依靠内部资源发展，而有些国家和地区依靠外部资源获得经济的飞速增长；有些国家和地区采取以农业发展带动其他相关产业发展的模式，而有些国家和地区采取优先发展工业的模式；有些国家和地区选取进口替代发展模式以带动经济增长，而有些国家和地区以出口导向模式来实现经济的飞跃。归根结底，上述各种发展模式都是通过提高需求水平和增强供给能力两方面来实现经济增长的。新古典分析法对区域经济增长的研究强调的是供给因素的影响，如劳动力的增长、资本存量的增长以及技术变革，但是它忽略了需求方面的因素对经济增长的潜在贡献。长期来看，供给能力作为区域长期发展不断积累的结果，是衡量区域经济增长潜力的关键因素，它的提高是区域经济增长的重要保障。短期来看，有效需求水平的提升是拉动区域经济增长的主要力量，区域总需求又可划分为区域内需求和区域外需求，其中区域外需求又是决定区域经济增长的关键。

“国际贸易是经济增长的发动机（或引擎）”这一观点，已经为大多数经济学家所认可。国际贸易是实现出口导向型经济发展战略的充分条件。出口导向型增长理论以此为出发点，它认为满足区域外部市场需要的出口部门是区域经济增长的根本动力。出口基地区域增长理论的形成源于经济史学家解释出口部门在区域经济增长中潜在重要性的研究，这一研究可追溯至20世纪20年代，但是直到1970年卡尔多（Kaldor）才将其系统化并提出了一个出口基地模型。出口基地模型（Export-base Model）的中心观点是：区域外需求是区域经济增长的主要源泉，区域外市场需求一旦形成，区域经济的增长就不再受限于区域内市场，它就可以利用区域自身的比较优势，形成区域出口专业化，实现规模经济和比较利益，进而带动整个区域经济的增长。

3.1.2 区域出口与累积因果效应：一个区域经济增长模型

出口基地模型是一种需求拉上模型，它认为区域和城市经济的增长源于需求的变动，而这种变动是由域外对区域和城市基础部门出口产品的需求变动引起的。出口基地模型的核心思想是：将一个区域和城市的产业部门按照是否向域外“出口”产品和劳务而分成基础部门和非基础部门，基础部门向非基础部门提供需求，区域和城市经济的增长取决于基础部门和非基础部门的比例，如果其他条件不变，则这一比例越高，区域和城市经济增长率越高。

3.1.2.1 基础部门和非基础部门的二分法

出口基地模型的理论根基在于基础部门和非基础部门的二分法。该分法是在对区域总需求划分的基础上得来的，区域总需求可以分为区域内需求和区域外需求，其中，区域内需求是指那些仅为区域和城市内的市场消费而生产的产品和劳务，区域外需求是指那些向区域和城市外“出口”的产品和劳务。基于需求的划分，非基础部门指的是其生产用于满足区域内需求的产业和部门，它是维持区域内部系统正常运行的。而基础部门指的是其生产用于满足区域外需求的产业和部门，基础部门的“出口”带来收入以支付区域和城市的“进口”，因而基础部门决定了区域经济的规模，是区域经济增长的主要源泉。

应当指出，现实中这种二分法不是绝对的，大部分部门和行业所生产的产品和劳务不仅供应本区域市场的需求，同时也可能向区域外出口，因而完全的基础部门和非基础部门都是十分罕见的。

3.1.2.2 对外贸易乘数效应

对外贸易乘数理论是出口基地模型的重要组成部分，是乘数理论在对外贸易中的运用和发展。乘数的概念最初由瑞典经济学家威克塞尔（K Wicksell）和俄国经济学家图干—巴拉诺夫斯基（Tugan-Baranowski）分别提出。1931 年，英国经济学家卡恩（R E Kahn）将其应用于解释投资增加与就业增加之间的关系，并计算了乘数效应的极限值，使之成为一种有用的分析工具。1933 年，哈罗德（R F Harrod）将其引入国际贸易分析中，指出扩大出口能够提高国民收入，且国民收入的增量数倍于出口的增量，其中国民收入增加的倍数就是对外贸易乘数。随后，马克洛普（F Machlup）将凯恩斯经济理论中的国际收支差额学说和投资乘数理论结合起来，正式提出了“外贸乘数理论”，他认为：一个国家的出口与进口、投资、储蓄一样，对于一国宏观经济稳定与发展有增加或者减少的作用；当出口扩大时，一国产业部门所获得的收入就会增加，相应消费与投资也会增加，并且呈现出成倍增长的态势，最后达到整个国民收入的总体上升。

对外贸易乘数效应是指由出口额变化而引起的国民收入成倍变化的现象。出口的增加对国民收入的增加具有正面效应，且这种正面效应具有倍增性。在中国，20 世纪 90 年代后，学者们也开始关注外贸乘数效应，并做了一些有益的尝试与探索，如赵应宗（2000）对外贸乘数与经济增长关系的变因分析，以及提出“反向激励”等。

3.1.2.3 区域增长的狄克逊—瑟尔沃尔模型

在前面讨论的基础上，本小节将更加详尽地讨论一个具体的出口基地模型，以强调外贸对区域经济累积增长的作用机理，该模型由卡尔多于 1970 年首次提出，随后狄克逊（Dixon）和瑟尔沃尔（Thirlwall）对其进行了完善和修正。

卡尔多模型将区域生产和出口行为归功于两个变量的作用：一是外部市场对区域出口产品的需求增长率，属于外部变量；二是一个区域相对其他区域的“有效工资”的变化，属于内部变量。卡尔多认为，由于劳动力的流动，社会的努力及工会的作用，一个国家范围内货币工资及其增长在所有的区域都是一样的，因此，产出增长由生产率增长来决定。另外，在劳动力数量不变的情况下，产出增长越快，生产率增长率越高，单位产品所需要的劳动投入越少，这又将使有效工资较低。而且，这个过程是累积性的，那些优先发展的区域通过获得竞争优势将进一步强化区域分工，并扩张其基础部门从而扩大出口，通过促进区域经济的增长进一步增强区域的竞争优势。

狄克逊和瑟尔沃尔对卡尔多的理论进行了更加详尽的说明，他们通过考虑区域经济增长对出口部门的竞争力产生的反馈效应而将累积因果过程纳入模型，这种反馈效应会影响区域产出的增长，而产出的增长会进一步对出口部门的生产率和竞争力产生有利影响。累积因果效应的作用过程见图 3–1。

Dixon–Thirlwall（狄克逊—瑟尔沃尔）模型的核心是劳动生产率的增长，它是区域产出增长和区域出口增长产生作用的中介。由图 3–1 可知，劳动生产率的增长除受区域产出增长的影响外，还取决于两个因素：技术更新速度和资本 / 劳动比率的增长。随着区域产出的增长，区域技术进步加快并且资本 / 劳动比率增加，这将提高劳动生产率，进而通过增强区域出口产品的价格竞争优势，达到提高区域产品出口增长率的目的。区域产品出口的增长又将促进区域产出的增加，至此又开始一轮累积因果循环。上述模式可以由以下函数关系表述：

（1）产出增长率 y_{-1} 和劳动生产率增长率 q 之间的关系由以下公式表示：

$$q=a+\lambda y_{-1} \tag{3.1}$$

式中：a 为不依赖于产出增长率的自主增长率；λ 为凡登系数，是一个常数。

这一关系通常被称为凡登定律（Verdoorn Law）。公式（3.1）的含义为，劳动生产率的增长部分由上一期的产出增长决定，部分由其他未知的因素决定。产出增长得越快，劳动生产率增长就越快。

（2）生产成本的任何增加将直接反映到区域通胀率上，而劳动生产率的增长将降低通胀率。其关系如以下公式所示：

$$p=w-q \tag{3.2}$$

式中：p 为区域产品价格的上涨；w 为区域产品生产成本的上涨。

由公式（3.2）可知，如果劳动生产率的增长与成本的增加相等，区域产品的价格就不会上升。此外，区域产品生产成本的上涨由模型以外的其他因素决定。

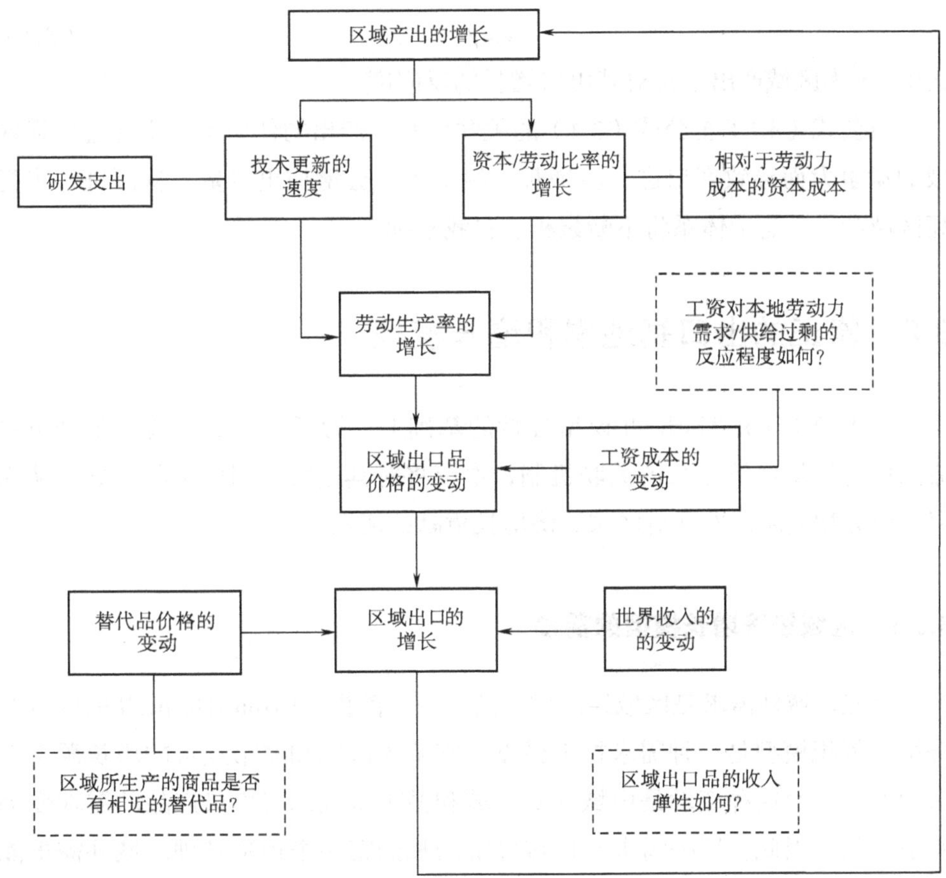

图 3-1　Dixon-Thirlwall 模型的概况图

资料来源：哈维·阿姆斯特朗，泰勒．区域经济学与区域政策 [M]. 刘乃全，等，译．上海：上海人民出版社，2007.

（3）出口的增长取决于区域内产品价格的上涨 p、区域主要竞争对手的通胀率 p_f 以及世界收入的增长 z。

$$x=b_0p+b_1p_f+b_2z \tag{3.3}$$

式中：b_0和b_1为需求的价格弹性；b_2为世界对该区域出口产品需求的收入弹性，这里的“世界”可以理解为区域的出口市场。

区域的出口市场收入增长得越快、区域通胀率相对于其主要竞争对手越低，区域的出口增长就会越快。

（4）简单的出口基地关系模型如下：

$$y=\gamma x \tag{3.4}$$

式中：γ为区域产出增长对其出口增长的反应度。

由公式（3.1）至公式（3.4）的关联可知，产出的任何增长将通过增强区域的竞争力而导致产出进一步增长，接下来又会增加出口量，从而进一步提高区域产出，这个体系将不断累积、自我永续。

3.2 修正的出口基地累积增长模型

在上节 Dixon–Thirlwall 模型分析的基础上，为了使其更加适合于分析物流园区与区域经济增长的关联机制，本节将对其进行适当修正与扩展，从而寻找研究物流园区发展对区域经济增长贡献的切入点。

3.2.1 区域经济增长模型的前提

首先，域外需求是区域经济增长的第一个前提。Dixon–Thirlwall 的区域经济增长累积模型是一种需求拉上模型，它认为区域和城市经济的增长源于需求的变动，而这种变动是由域外对区域和城市基础部门出口产品的需求变动所引起的。因此，域外需求是区域经济增长的第一个理论基础。域外需求能够引起区域输出部门的增长，输出部门投入要素的需求会扩大，要素价格会随之上升，由此引起要素流入，使增长加速。

其次，技术进步是区域经济增长的另一个前提。从供给的角度来看，如果不存在技术进步，规模收益不变，则产出完全由资本和劳动投入所决定，产出的增长与资本和劳动增长率表现出一种函数关系。只有投资增长超过劳动供给增长，人均产出才会增长。但是，在缺乏技术进步的情况下，资本（或劳动）将出现边际收益递减。假如考虑技术进步的因素，即使资本和劳动均未增长，技术进步的存在也将使产出与技术进步保持同步增长。

3.2.2 Dixon-Thirlwall 模型的修正

修正后的 Dixon-Thirlwall 模型如图 3-2 所示，其主要特征概括如下：一是区域劳动生产率的增长是区域产出增长作用于区域出口增长的媒介，因而成为模型的核心要素；二是区域产出增长通过技术进步和资本 / 劳动比率两个渠道影响区域劳动生产率；三是区域技术进步的影响因素主要包括技术研发、技术引进、技术扩散等；四是区域出口的增长不仅取决于区域出口产品价格

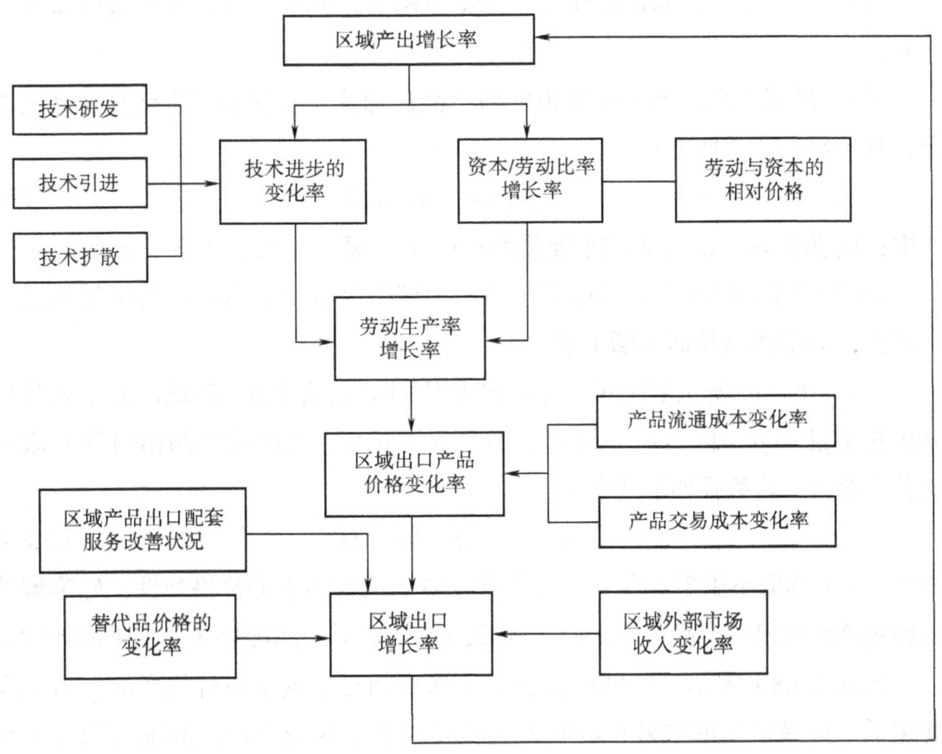

图 3-2　修正后的 Dixon-Thirlwall 模型

资料来源：本书根据 Dixon-Thirlwall 模型修订。

的竞争力，也取决于区域产品出口配套服务状况和区域外部市场收入的变化；五是区域出口产品价格的竞争力大小由替代品价格和区域出口产品价格共同作用，其中区域出口产品价格又受产品流通成本和产品交易成本影响。

修正后的 Dixon–Thirlwall 模型由以下函数关系式构成：

（1）产出增长率 y_{-1} 和劳动生产率增长率 q 之间的关系如下：

$$q=a+\lambda y_{-1} \tag{3.5}$$

其含义与公式（3.1）相同。

（2）生产成本的任何增加将直接反映到区域通胀率上，而生产率的增长将降低通胀率，其关系如下式所示：

$$p=w-q \tag{3.6}$$

式中：p 为区域产品价格的上涨率；w 为区域产品成本的上涨率。

如果劳动生产率的增长与成本上涨率相等，那么区域产品的价格就不会上升。

（3）区域产品成本上涨率由区域产品流通成本和交易成本变化率共同决定，其关系如下式所示：

$$w=F(w_1, w_2) \tag{3.7}$$

式中：w_1 为区域产品流通成本变化率；w_2 为区域产品交易成本变化率。

公式（3.7）的函数关系可表述为：区域产品成本上涨率随着区域流通成本和交易成本的增长而不断上涨。

（4）出口的增长取决于区域内产品价格的上涨率 p、区域产品主要替代品价格上涨率 p_f、区域产品外部市场收入增长率 z 及区域产品出口配套服务改善状况 A。其关系如下式所示：

$$x=b_0p+b_1p_f+b_2z+fA \tag{3.8}$$

式中：b_0（其值小于零）和 b_1（其值大于零）均为需求的价格弹性；b_2 为域外市场对该区域出口产品需求的收入弹性；f 是需求对产品配套服务水平的弹性。

公式（3.8）表示，区域产品价格上涨率相对于其主要替代产品价格上涨度越低、区域产品的域外市场收入增长得越快、区域出口产品配套服务水平越高，则区域的出口增长就会越快。

（5）产出累积增长的函数关系，如下式所示：

$$y = \gamma x \tag{3.9}$$

式中：γ 为区域产出增长对其出口增长的反应度。

公式（3.9）表示，区域出口的增长，反过来会提高区域产出增长率，从而引起又一轮的出口增长，可见该系统的运行是累积性的。

由上述模型可知，区域外部市场收入增长越快、区域产品价格上涨率相对于替代品的价格上涨率越低、区域产品配套服务水平越高，则区域产出增长越快。此外，随着物流园区的发展，物流技术和信息手段被广泛应用，在提高区域产品配套服务水平的同时，也将有效降低区域产品的流通成本和交易成本，进而提高区域产品的市场竞争力，并通过促进区域出口的增长达到加速区域经济增长的目的。

3.3　融入物流园区发展的出口基地累积增长模型

物流园区的投资和构建可以改善区域基础设施条件、提高技术水平，有利于提升区域竞争力，并且加速区域对外输出增加，进而拉动区域经济增长。因此，本书认为物流园区促进区域经济增长的关键路径是以区域输出增长为中介变量，"物流园区发展——区域输出增加——区域经济增长——物流园区进一步发展……"概括了物流园区与区域经济累积增长的过程。据此，本节的分析将围绕以下三点展开：一是物流园区的发展通过多种路径促进区域输出；二是区域输出增加拉动区域经济增长；三是区域经济增长推动物流园区的进一步发展。详见图 3–3。

3.3.1　物流园区发展促进区域输出增长的路径分析

3.3.1.1　物流园区发展对技术进步变化率的影响路径

物流园区作为具备综合服务功能的物流企业集结点，是联系区域内外的重要物流结点，是区域技术交流集约化程度最高的组织，是新管理和新制度的发源地。物流园区通过引进域外先进技术、提升域内企业管理技术和发展物流技术等途径促进区域的技术进步，成为区域经济增长的一个新的"引擎"。

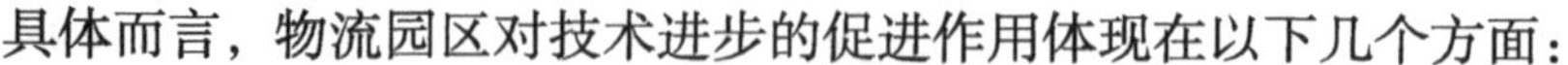
具体而言，物流园区对技术进步的促进作用体现在以下几个方面：

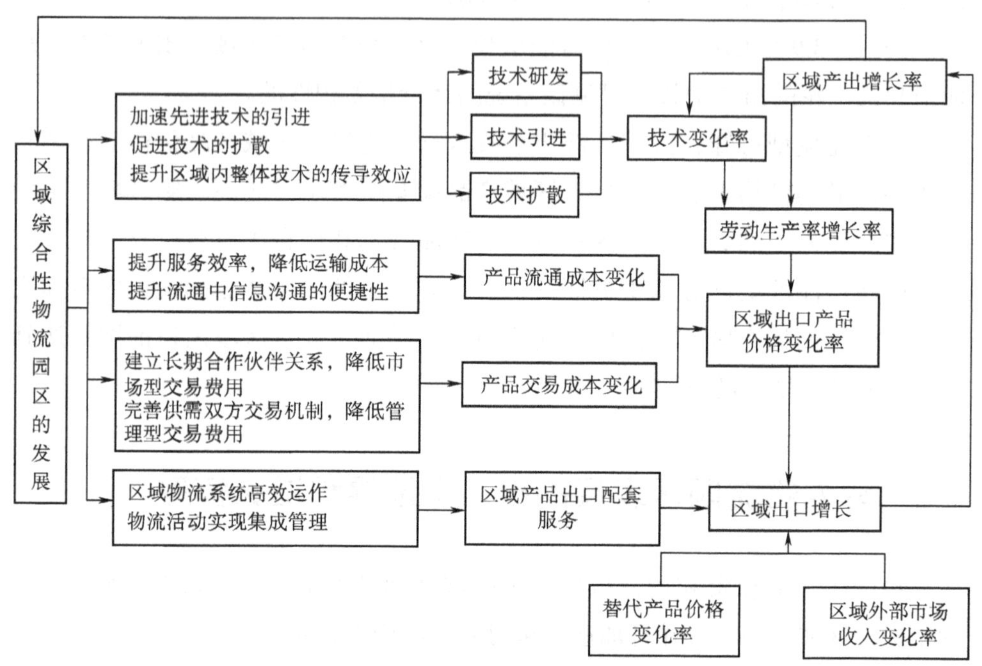

图 3–3　融入物流园区发展的区域经济增长累积模型

资料来源：笔者研究整理。

（1）加速先进技术的引进。随着经济全球化趋势的日趋明显，跨国公司逐渐成为经济发展的主体，在全球范围内迅速得到发展。许多跨国公司和国际先进企业在选择新的市场或生产基地时，都非常关注当地的物流基础设施和物流服务水平，因为高效的物流服务对于跨国公司全球性经营具有至关重要的作用。可以说，区域内物流基础设施的状况及物流服务的水平是影响跨国公司在该区域投资布局的关键因素。例如，日本松下电器在天津投资建厂并将其作为中国的分拨中心，主要原因就是天津具备发展现代物流的巨大潜力和良好基础。区域通过构建和发展物流园区，可以改善物流基础设施状况，提升物流服务水平，从而有效吸引跨国公司的投资。这些跨国公司在为区域经济增长带来资本的同时，也为区域发展带来了国际领先的技术。总体而言，区域通过完善物流园区的服务功能，可以不断吸引跨国公司尤其是一些行业领先者在物流园区驻扎，他们会给物流行业带来最新的物流设备、技术的应用经验，同时也将促进区域物流服务功能进一步提升，周而复始，使得区域物流园区与跨国公司均实现效益的累积增长。

（2）促进技术的扩散。当前现代物流业向着信息化、一体化、智能化方向发展，这使新的信息和技术在整个区域内以空前的速度自由流动。电子数据交换技术与国际互联网的应用，使信息管理技术成为推动物流效率提高的决定性因素，电子计算机的普遍应用提供了更多的需求和库存信息，提高了信息管理科学化水平，使产品流动更加迅捷方便。物流的信息化，包括商品代码和数据库的建立、运输网络合理化、销售网络系统化、物流中心管理电子化等，促进了供应链中上下游企业的技术交流与合作，使得新的生产技术和管理手段得以沿着供应链进行纵向的传播。同时，一个产业的技术进步会影响到相关产业的技术进步，从而带动产业间技术进步的横向沟通。此外，这种横向和纵向的传播和交流不仅发生在区域的中心城市，也会扩展到边缘城市，从而促进区域经济的增长和发展。

（3）提升区域内整体技术的传导效应。物流园区作为一种现代物流管理方式，是具有一定规模和综合服务功能的物流集结点。物流技术是物流园区和现代物流发展的基础，物流园区的发展又会促进现代物流技术的进步，二者是相辅相成的关系。随着区域经济的发展和域外技术的引进，物流技术日益综合化，其进步将以运输技术进步、仓储技术进步、搬运装卸技术进步、包装技术进步和信息技术进步等几种方式表现出来。物流技术通过不断的综合和复合化获得进步，促进物流园区的发展，物流园区的发展对于技术提出了更高要求，促使物流技术进一步提升。其次，物流园区管理部门也会不断关注最新的物流业界技术发展动向，通过各种信息平台与企业共享，促进行业内的技术交流和传播，提升物流园区的整体技术水平。此外，区域物流的扩散机制使得技术在整个区域内传递，间接带动了其他地区物流相关技术的进步，进而促进区域整体的技术进步。

3.3.1.2 物流园区发展对产品流通成本的影响路径

随着生产规模化和技术现代化的发展，产品生产环节的成本已经大大降低，但是流通环节的成本却仍居高不下。货物在流通过程中的活动包括运输、仓储、搬运、流通加工以及其他客户增值服务等。在整个流通过程中货物的状态只有两种，即静止状态（货物处于存储的阶段）和运动状态（货物处于运输状态）。因此，仓储和运输是物资流通中最基础和最重要的环节。物流园区作为物流综合服务功能的提供者，通过基础设施的完善和技术的改进不断对运输和仓储等流通成本产生着重要的影响，具体表现在以下几个方面：

（1）通过提升服务效率，降低流通过程中的运输费用。物流园区的构建改善了运输条件、改进了物流技术、提升了物流服务质量，进而为社会商品的流通带来巨大的效益。物流园区发展的迫切要求，必然会促进交通基础设施的完善：一方面扩大了原有交通基础设施的规模，如加快机场、港口、铁路及公路建设；另一方面提升了交通基础设施的质量，如智能交通的发展。随着运输设施和条件的不断完善，货物的转移和运输成本均将削减。

（2）提升流通中信息沟通的便捷性。物流园区是物流服务集聚地区，这种空间集中布局的形态有利于信息技术的传递，从而使各个企业的合作更有效率。信息技术的改进突破了信息传递的时间限制，供应商和需求者之间的联系、磋商、订单下达都可以通过网络进行。原本需要通过空间实物位移实现的交易活动通过信息流的瞬时传输可完成，从而大大缩短了远距离交易所需的时间，减少了流通中的重复与资源浪费，提高了交易效率，促进了社会生产的进一步发展，进而推动了区域经济的增长。

3.3.1.3 物流园区发展对产品交易成本的影响路径

交易成本又称交易费用，其概念由科斯在1960年发表的《社会成本问题》一文中明确提出，后又于1991年进一步补充。他认为，交易成本就是在一定的社会关系中，人们自愿交往、彼此合作达成交易所支付的成本，即人—人关系成本。之后，很多学者又从各个角度对交易费用理论进行了探究。概括而言，交易成本就是交易前、交易中、交易后的各种与交易有关的费用。目前，交易费用类型划分较为权威的观点是埃里克·弗鲁伯顿的交易费用类型，即市场型交易费用（Market Transaction Costs）、管理型交易费用（Managerial Transaction Costs）和政治型交易费用（Political Transaction Costs）。其中：市场型交易费用主要包括搜寻信息、谈判以及监督执行的费用；管理型交易费用主要包括建立、维持或改变一个组织设计的费用，组织运行的费用；政治型交易费用具体包括建立、维持和改变一个体制中的正式和非正式政治组织的费用，政体运行的费用等。

交易成本之所以存在，一个很重要的原因是在现实世界中信息存在不对称，即交易双方对交易品所拥有的信息数量不对等，因此，为了在交易中处于更有利的地位就要尽可能获取更多的交易品信息。物流园区的构建与完善有利于交易双方获得更多的交易信息，进而从市场型交易费用和管理型交易费用两个方面降低交易成本，提高交易效率，促进区域经济增长。

（1）建立长期合作伙伴关系，降低市场型交易费用。第一，物流园区是基于物流企业集群的区域性物流产业模式，与传统的多层次、分散化的物流服务造成的搜寻成本高昂相比，物流园区实现了企业的空间集聚，使得企业能够相互了解，可以通过发展社会关系减少物流服务交易双方的搜索成本，从而带来交易成本的节约。第二，物流园区是物流企业集群所在地，地理的邻近性和植根性有助于园区内企业交易双方频繁地合作与沟通，能够彼此承诺并相互信任，从而节省了协商、谈判、执行的时间和费用，减少了内部和外部交易的成本；物流园区在提高单个物流企业交易规模和议价能力的同时，还将物流服务交易内生化并实现了物流活动的无缝联接，有效提高了交易效率，降低了交易费用。第三，园区内企业间的竞争与合作关系促进了集群内部的技术创新、技术溢出与知识联盟。竞争关系能刺激企业产生强烈的创新动力，而企业间的合作关系又加速了先进技术扩散，体现为集群区内部的技术溢出与知识联盟。物流园区内的物流企业集群不仅降低了园区内的交易成本，还通过技术互补和知识联盟降低了园区内企业的生产和交易成本。

（2）完善供需双方交易机制，降低管理型交易费用。在物流园区，地理和组织具有邻近性，形成了区域性网络组织，在园区管理部门参与的情况下，供需双方的交易机制更加趋于长期化合作，这将通过以下几个方面降低交易成本：第一，物流需求企业与园区内物流服务供给企业的长期合作关系的建立，能够使双方更有效地沟通，能够降低企业搜寻交易对象信息的费用，同时这种长期合作关系也能够有效避免双方的讨价还价以及各种履约风险。此外，交易双方顾忌长期合作中因背叛和欺诈而产生“针锋相对”的报复和惩罚，能够在很大程度上抵制交易双方的机会主义行为，因此有效降低了交易费用和风险。第二，物流园区的关系性资产将对交易成本产生影响。关系性资产是指企业与消费者、供应商、内部员工、竞争者、影响者等方面的关系所形成的资产，物流园区可提供不同于一般的持续性和互动性的关系性资产。一是出于行业发展的需要，政府会给予物流园区在税收、土地利用等方面的优惠政策，这通过增加企业利润空间，间接达到降低生产和交易成本的目的。二是物流园区内信息平台的建设与普及，使得供需双方的合作更加便捷，信息的共享程度不断提升，进而避免了由信息不对称所带来的交易费用的上升。第三，地理和组织的邻近性，使得区域性网络组织得以形成。一是可以促进交易双方建立信用关系，降低监督成本和违约制裁，使企业经营风险得到有效降低，减少机会主义行为风险；二是区域性网络组织促使交易双方及合作伙伴之间进行“组织学习”，从而提高双方对不确定性环境的认知能力，减少因“有限理性”而产生的交易费用；三是区域性网络组织在信誉机制、声誉机制、集群社会文化调节和社会关系网络协调组成的隐性组织协调机制和显性协调（物流集成商、政府、中介）下，节省了企业之间和企业内部的协调费用，提高了企业的协同性和企业之间的交易效率。

3.3.1.4 物流园区发展对区域产品出口配套服务的影响路径

区域产品出口配套服务的改善，能够有效地促进区域出口的增加，进而拉动区域经济的增长。在构建与发展物流园区的过程中，完善基础设施和信息平台，能够有效改善出口产品的配套物流服务状况，具体体现在以下几个方面：

（1）物流园区是区域物流系统高效运作的重要保证。物流园区对现代物流活动具有组织集成和综合管理的职能，它通过集中布置物流设施设备和实现物流企业的集聚，克服物流节点分散布局造成的规模过小、相互间配合协作性差以及设施设备利用率低等诸多弊端。物流园区实现各类物流企业的集中布局，对物流园区的科学规划和系统设计，可以发现并解决物流运作网络的不协调问题，工商、税务、运管、海关、环保等政府职能部门进入园区，可以为不同专业物流企业协调运作创造良好的环境，实现依法经营、规范运作的目标，有利于发挥各种物流企业的互补优势并形成整体优势，从而提高整个物流系统的运作效率。

（2）物流园区实现对物流活动的集成管理。传统的物流活动被分散到不同的经济部门、不同企业和企业组织内部不同的职能部门之中。在物流发展的初期阶段，物流活动常常以运输、仓储、包装、装卸搬运、采购等分割的形式分散在企业生产的各个环节，各个企业也基本以自给自足的方式独立完成企业自身的各项物流活动。随着经济的快速发展与工业化进程的加快，大规模生产、大规模消费使得经济中的物流规模日趋庞大和复杂，传统的、分散的物流活动已远远不能适应现代经济发展的要求，物流活动的低效率和高额成本，已经成为影响经济运行效率和社会再生产顺利进行的制约因素，并被视为“经济的黑暗大陆”（P Druker Fortune，1962）。因此，从20世纪50年代开始，在企业内部开始出现物流管理一体化，通过对运输、仓储、包装、装卸搬运、采购等物流活动的集成化管理，企业提高了生产率，降低了成本和风险。具体而言，仓储、包装、装卸搬运、采购等不同物流活动将会衍生出不同类别的物流成本，某些物流成本之间存在“二律背反”的关系，即某种物流成本的降低是以提高另一种物流成本为代价的，如库存成本与运输成本。因此，物流活动的分散将因各环节追求自身成本最优化，而难以达到物流总成本最优化的目标，集成化管理则有助于综合考虑物流成本的最优化，在一定程度上提高企业产品出口配套服务水平，实现高效率流通。

3.3.2 由物流园区发展所引致的输出增长将促进区域经济增长

区域经济增长累积模型[公式（3.9）]表明，区域出口的增长，将引起区域产出的增加。因此，物流园区的发展如果能够引致区域出口增长，则必将导致区域生产总值增长。物流园区的构建和完善，使得区域基础设施水平提升，在保障区域经济正常运转的基础上，提高区域经济运作效率、改善区域投资和运作环境，不断吸引外资和技术流入，带动区域各产业水平提升与总量增长并推动区域产业结构调整和变革，进而起到对出口和经济增长的带动作用。这种带动作用除了上述分析的技术进步、降低流通和交易成本等方面，还体现在以下几个方面。

3.3.2.1 物流园区的构建能够深化区域分工，促进经济增长

在经济增长理论中，亚当·斯密指出分工受到市场范围限制，而物流园

区的构建及完善，在提升物流服务功能的同时，扩大了市场的范围，促进了劳动分工的进一步发展。按照斯密的理论，随着分工的深化，生产率不断提高，经济日益发达，因此物流园区的发展可促进区域经济的增长。此外，新兴古典经济学关于分工和专业化的命题指出，分工是交换的产物，分工和专业化能够加速知识的积累，带来收益递增。但同时协调分工又需要付出成本（即交易费用），分工的深化会引起交易费用的增加，交易费用取决于交易机制的运作效率。因此，分工带来的收益增加和交易费用的提升形成冲突，构成分工演进的基本约束。物流园区的发展出现了一种新的组织方式——物流联盟，物流联盟的出现正是交易费用与分工收益相互协调发展的结果。一方面，物流联盟通过将物流活动“外包”给专业的第三方物流服务提供商而加深社会化分工；另一方面，物流园区是物流企业集群所在地，地理的邻近性和植根性有助于园区内企业交易双方频繁地合作与沟通，能够彼此承诺并相互信任，从而节省了协商、谈判、执行的时间和费用，同时企业可以更加专注于自身的核心业务，加速提升自身竞争力，提高专业化水平，实现物流的高效率运作，进而达到促进经济增长的目的。

3.3.2.2 完善的物流园区体系能够降低物流成本，提高区域经济运行效率

区域物流园区体系构建的目的之一就是以市场为导向，以区域经济发展水平及物流服务需求为依托，整合各种物流资源，通过对各种物流要素的优化组合和合理配置，达到物流供给与需求信息的有效对接，将物流系统的运输重复、迂回和空驶降至最低，实现高效、集约地利用各种物流资源和要素，进而降低区域物流成本，提高区域经济运行效率。

3.3.2.3 完善的物流园区体系能够改善投资环境，推动外贸发展

经济增长理论指出，资本积累即投资也是经济增长的一个源泉。斯密认为，除了劳动分工，经济增长的另一个动力是资本积累。马克思也认为，增长积累和提高生产要素产出率为经济增长的动力。现代经济增长理论的“哈罗德—多马”模型对储蓄的研究，也认为资本积累为经济增长的一个源泉，但是资本积累不是目的，也不能直接导致生产的扩大，只有将资本积累转化为投资，才能进一步带来经济的增长。

在发展物流园区的过程中，加大对交通、运输及仓储业的投资，可以完善

现代物流网络体系。众所周知，投资规模决定经济增长的速度，如果区域现代物流网络体系非常完善，则可以理解为投资环境状况非常好，能够扩大区域招商引资和外资流入的规模，加快区域经济的增长。贸易对经济发展具有十分重要的意义，其中，出口的增加将直接拉动经济的发展。物流园区体系的改善能够提高区域基础设施服务水平、降低生产成本和运输成本，从而加速贸易发展。

3.3.2.4 物流园区构建能够优化区域产业结构，促进区域产业高端发展

根据区域产业结构发展演进的一般规律，区域产业结构优化是指产业结构的合理化和高度化，即一次产业向第二、第三次产业升级演进，劳动密集型产业向资本、技术密集型产业升级演进，常以第三产业的发展水平来衡量。

现代物流产业隶属于第三产业，作为社会经济分工和专业化高度发展的产物，它的发展将对农业、制造业以及服务业的发展起到极大的促进作用。物流园区的构建，能够使区域物流发挥整体优势和规模效益，促使经济区域物流系统形成，并向专业化、合理化的方向发展。物流园区的建设能够促进商流、资金流、信息流、技术流的空间集聚，以及交通运输业、商贸业、金融业、信息业和旅游业等多种产业的发展，这些产业都是第三产业重要的组成部分，也是第三产业发展的基本保障。此外，西方发达国家的实践还表明，物流园区的发展，不仅可以推动当地的经济发展、增加财政税收，还可以在一定程度上缓解区域的就业问题，并促进区域其他行业的发展。

物流园区的高效运行需要现代化的物流基础设施和先进的信息网络的支撑。相对于分散经营、功能单一、技术原始的储运业务，现代物流属于技术密集型和高附加值的高科技产业，具有劳动力高度化、资产结构高度化、技术结构高度化等特征。从这个角度来说，物流园区的构建与完善有利于经济区域产业结构向高度化方向发展，进而促进区域经济的增长。

3.3.3 区域经济增长对物流园区发展的推动作用

区域物流园区与区域经济是相互依存的统一体，物流园区是区域经济增长不可或缺的基础设施支撑，而区域经济的增长会带来物流需求增加，促进区域物流园区构建、规模扩张及物流能力提升等，二者相互促进、共同发展。

3.3.3.1 发达的区域经济基础是物流园区构建的保障

首先，区域经济的增长将带来更大的产品需求的增长，且经济的增长使得市场物流需求扩大，区域内各经济单元的交流更加频繁，这些都对物流园区设施提出了更高的要求，从而在一定程度上促使物流园区设施不断完善，以满足日益增长的物流服务需求。反之，如果没有发达的经济基础，就很难完成大规模现代化物流基础设施建设。其次，区域经济基础的发达程度决定着区域内人员、物质的流动即物流的需求，而这种物流需求的大小直接影响着物流园区体系作用发挥的大小。没有发达的经济基础，物流节点体系就不会发挥应有的作用与效益。这种关系简单表述如下：物流园区的发展必须以一定的经济基础为保障，经济基础的发展程度决定物流园区体系所发挥作用的大小。

3.3.3.2 区域经济增长速度决定着区域物流园区建设规模

物流业在行业本质上属于服务业，有着与其他服务业相同的特点，即它也需要依附于生产制造业和商贸流通业而存在，物流业的价值在后者的产品上得以体现。实践经验也表明，区域经济规模越大，生产和商贸越繁荣，对物流服务的需求就越高，该区域物流基础设施的建设规模就越大。

3.3.3.3 区域经济水平和层次决定着物流园区的水平和层次

物流园区设施的发展状况与区域整体经济的发展水平有很大关系。一般来说，区域经济综合实力越强，其物流需求水平就越高，物流园区的基础设施建设也越完善。相反，如果一个区域经济基础和物质条件较薄弱，那么物流业将缺乏充足的发展动力，同时由于很难获得发展所依赖的交通、通信、仓储等硬件条件和人才、管理、文化等软件条件，也就不可能达到较高水平和层次。总之，一定的区域经济发展水平就对应一定的物流服务需求水平，从而决定了物流园区设施建设的水平和层次。

3.4 本章小结

区域外部市场的需求是区域经济增长的根本动力，外部市场的形成使得区域经济的增长不再受限于区域内部市场，它可以利用自身的比较优势，形成区域出口专业化，实现规模经济和比较利益进而带动整个区域经济的增长。基于出口导向理论，本章首先阐述了出口基地模型与其循环累积的增长过程，并对其进行了适当修正与扩展，从而寻找物流园区发展与区域经济增长贡献研究的切入点。其次，遵循修正后的出口基地模型的逻辑思路，构建了融入物流园区发展的区域经济增长累积模型。最后，从三个层次剖析了物流园区发展与区域经济增长的累积路径：一是物流园区的发展通过技术变化率、流通成本、交易成本、出口配套服务等多种路径促进区域输出；二是区域输出增加拉动区域经济增长；三是区域经济增长推动物流园区的进一步发展。总之，本章的分析为物流园区规划的前提，即物流需求的预测，提供了理论支撑。

4 物流园区与区域空间结构演变的关联机制

物流园区的发展不仅与区域经济增长存在密切关系，其发展亦会促进区域空间结构的形成及演化。同时，区域空间结构又反过来对物流园区的空间布局及发展产生重要影响。因此，本书首先对区域空间结构内涵进行阐述，并分别从分工和专业化、要素的集聚与扩散、产业结构升级和技术进步四个方面探讨了区域空间结构形成及演变的机理。在此基础上，本书进一步探讨了物流园区与区域空间结构演变影响因素的相互作用机制。

4.1 区域空间结构演变机制

国内外经济发展理论与实践都表明，经济发展必然伴随着经济空间结构变化，区域经济空间结构系统通过一定的空间组织形式把分散于地域空间的相关资源和要素连接起来，进而产生种种经济活动和特有的经济效益。从一定意义上说，一个国家或地区的经济发展也可理解为空间结构演化的过程。

4.1.1 区域空间结构内涵的界定

区域经济学所研究的“空间”并不是几何学中静止的“纯空间”和物理学中的“绝对空间”，而是指一定地域范围内区域经济要素和经济活动分布的位置、相互作用及相互关系，以及反映这种相互作用关系的区域经济要素和经济活动的空间集聚规模和集聚形态，因此，区域空间结构即区域经济空间结构。

由于研究角度存在差异，不同学者对区域空间结构概念有不同的表述。区域空间结构理论是在区位论的基础上产生的，最早对区域经济空间结构下定论的是奥托伦巴（E Otremba，1936），他在深入分析杜能农业经济圈的基础上，认为农业经济形态投影于地球表面，必然产生一定的农业经济空间结构的空间统一体。同时，他还指出，区域经济空间结构主要研究区域范围内各种经济现象之间的相互作用和相互关系，以及空间集聚规模和集聚程度。

第一次把区域经济空间结构概念引入中国学术界的是中国科学院的陆大道院士，他认为，社会经济的空间结构是指社会经济客体在空间中的相互作用和相互关系，以及反映这种关系的客体和现象的空间集聚规模和集聚形态（1995）。

崔功豪、魏清泉、刘科伟（1996）认为，区域经济空间结构是指在一定地域范围内经济要素的相对区位关系和分布形式，反映了经济活动的区位特点以及在地域空间中的相互关系。

陆玉麒（1998）认为，区域经济空间结构是人类经济活动作用于一定地域范围所形成的组织形式，内容包括：第一，以资源开发和人类经济活动场所为载荷的经济地域为中心问题的空间分异与组织关系；第二，空间实体构成的某种等级规模关系；第三，各种空间实体之间存在的某种要素流的形式。

李小建（1999）认为，区域空间结构是指各种经济活动在区域内的空间分布状态及空间组合形式。区域空间结构是区域经济的一种重要结构，因为在区域经济发展中，始终要考虑如何实现要素的空间优化配置和经济活动在空间上的合理组合，从而克服空间距离对经济活动的约束，以降低成本、提高经济效益。

聂华林、赵超（2008）认为，区域经济空间结构的内涵包括三个方面：第一，是指一定地域范围内的经济活动及经济客体的空间集聚规模、形态和方式；第二，是指空间经济客体之间某种性质的联系，强调经济客体之间的空间相互作用和相互关系；第三，是指区域经济空间系统的最为重要的一种结构。

本书所指的区域空间结构是指以地理空间为载体的经济要素和经济活动的区位关系和空间组织形态，是各种物质实体要素构成某种空间联系和作用关系的总和。具体来说，其内涵主要有以下几个方面：第一，区域经济空间结构以一定地域范围为基础，社会经济活动及其功能组织的存在与展开都要依存于一定的自然地理空间。第二，区域经济空间结构包含各经济活动主体的等级规模关系，各经济活动主体在空间中的相互作用和相互关系，以及反映这种关系的客体和现象的空间集聚规模和集聚形态。第三，区域经济空间结构是社会经济活动的空间投影，因此它也反映出区域经济空间发展的均衡与不均衡。

4.1.2 区域空间结构演变的影响因素

区域空间结构演变是区域内部、外部各种力量相互作用的物质空间反映，各种动力相互作用之后的耦合力体现为区域空间的重组或扩展。总体来说，导致区域空间结构形成与演变的因素主要包括分工和专业化、要素的集聚与扩散、产业结构升级、技术进步等方面。

4.1.2.1 分工和专业化

经济社会活动的空间集中，不仅强化了已有的社会分工和协作，而且由此形成的紧密联系更进一步推动了分工与专业化的深化和发展，所以可以说分工和专业化是区域空间结构演变的根本动力，它对区域空间结构的影响主要体现在以下几个方面。

（1）分工和专业化从宏观上促进区域空间成长。劳动分工和专业化通过作用于区域市场规模促进区域空间结构演进。区域空间结构的演进可以分成几个阶段：最初是劳动分工促进了中心地交易市场的形成，人们开始在一定的地域空间内进行商品交易，这种中心交易地区就慢慢地演化为城市；后来，在城市内部各种交易活动逐渐集聚和完善起来，经济活动的集聚进一步促使分工深化，地域劳动分工和专业化水平也不断提高，出现规模经济，从而使城市经济、人口、土地规模都不断向外扩展；但是城市空间的规模扩张不可能是无限制的，在一段时间后，自然禀赋限制以及过度集聚引起规模不经济，分工和专业化不再构成区域空间结构演变的动力，此时城市规模的扩张也将停止。杨小凯等人更是通过新兴古典经济学关于规模的分工演进均衡模型证明了市场规模和贸易依存程度都随内生于经济的分工而不断演进与增大。由上述分析可知，分工和专业化不仅为城市和区域聚集提供了必要条件，同时也引致区域空间结构不断发展变化和演进。

（2）分工和专业化从中观上促进产业集聚。在社会大生产的条件下，社会分工呈现不断细化的趋势，产业生产的垂直分离加深，企业生产专业化趋势日益明显。企业间生产分工与专业化的不断加深，必然导致同一产业领域内企业之间以产业链为纽带，实现生产流程中企业之间的分工联网。但随着企业之间交易的增加，交易费用呈递增趋势，而交易费用与交易频率、交易企业间距离的远近成正比。同时，随着交易环节的增加，交易过程中的信息失真和不确定性等风险也在增加。这就形成了通过分工实现的报酬递增与交易费用和机会成本递增的两难冲突。产业链中的不同制造企业之间以及和其他厂商与机构之间聚集在相对集中的地域，依据分工与专业化机制形成弹性生产集聚体，能够在分工与专业化机制所实现的报酬递增的同时有效降低交易成本。交易效率的提高有助于解决由于生产集聚体的扩大而产生的分工经济和交易费用的两难冲突，又会进一步促进分工的演进，带来更大的分工网络效应和递增的聚集收益，吸引更多的企业到该区域聚集。

（3）分工和专业化的深化从微观上促使区域内部呈现地域分工趋势。由上述分析可知，分工和专业化的深化使产品间分工和产品内分工并存。产品间的分工使处于同一产品生产链上的企业向某一区位集聚，而不属于同一生产链的企业在不同的区位集聚，从而促使区域内部呈现产品间的地域分工。产品内分工的目的是追求内生比较优势和规模经济效应，将各工序在空间上进行分离，而分离后的各工序为了追求集聚经济效应，会在一定的空间集聚，从而进一步加深地域分工。从国内外区域空间的发展来看，地域分工已经成为区域产业空间布局的一种趋势。例如，纽约大都市圈的金融保险业、不动产业集中在曼哈顿地区，其余核心区主要从事职业服务业、公共行政服务业，内环地区以个人服务业、批发业为主攻方向，外环地区的制造业和零售业较为发达。

由分工和专业化引致的区域空间结构演进的一般趋势是：在较微观的空间区位上获得越来越高的专业化水平，承担一个最终产品的更为细化的专业化环节；在中观的空间区域中形成特定的产业集群，其成员企业包括上游的原材料、机械设备、零部件和生产服务等供应商，下游的销售商及其客户网络，进而延伸到互补产品的制造商、基础设施供应商等，更包括行业协会、金融部门与科研机构、教育培训机构等知识信息生产机构；在整个城市空间中形成较为完整的地方化生产网络或地方生产系统，城市向外部市场输出的主要是最终产品，而这些最终消费产品的生产又是由城市内不同空间区位的专业化企业协作完成的。

随着经济的发展，价值链会不断延伸和细分，一些能产生更大增值的价值链会在大城市发生，同时随着分工与交易网络在空间的进一步扩展，一些价值链又被剥离出去，那些邻近的中小城市由于空间的紧邻性，更容易接受那些离散的价值链或享受大城市新增价值链的好处，随着区域分工的一体化演进，区域内原先不连续的集聚空间将呈现连续的趋势。

4.1.2.2 要素的集聚与扩散

要素的集聚与扩散是区域内各经济要素空间流动的两种基本形式。在一定程度上，要素集聚和扩散机制的演变能够反映区域空间结构的演变过程。

（1）集聚与扩散的内涵。集聚是一种常见的经济现象，是诸多资源、要素、各种产业和社会经济活动在空间上集中的过程。集聚机制是指因社会经济活动及相关要素的空间集中而引起的资源利用效率的变化，以及由此产生的成本、收入或效用变化[①]。从宏观角度分析，集聚是导致城市及区域形成和不断扩大的重要依据和动力；从微观角度分析，集聚是在各个微观主体和其他有关的社会经济要素为获取生产或消费上的优势，按照比较优势原则选择各自的最优区位基础上形成的。可以说，区域空间结构是各种要素聚集和配置的空间表现。因此，聚集经济与区域空间结构的形成和演变是紧密关联的。

与集聚相反，扩散是指资源、要素、各种产业和社会经济活动在空间上扩散的过程。扩散效应作用的结果是大范围带动周围地区经济的发展。当区域经济集聚的规模超过一定的限度，就会出现诸多集聚不经济现象，如交通拥挤、水土资源供应严重不足、经济及生态环境恶化等。在这种情况下，为规避风险以及追求新空间集聚利益，集聚区域内一些企业、物质、能量、信息等开始从集聚区向外扩散，这一空间扩散的过程折射出区域之间的空间地域功能联系的形式和作用方式，是社会经济客体空间集聚和空间扩散规律的客观体现。

（2）集聚与扩散机制对区域空间结构形成与演变的影响机制。集聚与扩

① 韩守庆．长春市区域空间结构形成机制与调控研究［D］．长春：东北师范大学，2008.

散机制对区域空间结构的作用是通过集聚效应和扩散效应的发挥来实现的。

①集聚效应的微观表现形式。众所周知，集聚经济利益的存在为厂商和居民带来了超额利益。为追求利益最大化，更多厂商与居民聚集和竞争，势必导致利益均等化（即超额利益的消失）和数目最大化。在此过程中，不仅生产者之间、消费者之间进行区位竞争，而且生产者与消费者之间也进行区位竞争与协调，从而产品市场、要素市场也随之调整。换句话说，厂商、居民 的区位竞争与均衡过程本质上是各种生产要素的空间配置与均衡过程。因此，考虑到聚集效应的存在和作用，市场竞争的均衡应是生产要素时空配置的同时均衡。

在区域经济活动中，社会资源的时空有效配置问题实际上就是土地要素与其他社会资源的最佳配置问题，即城乡土地的最佳利用与配置问题。当社会资源实现时空有效配置时，可流动的要素和产品通过市场交换达到供求均衡，从而确定均衡的要素与产品价格。土地要素则因空间聚集和其他要素与产品市场的均衡达到最佳利用，从而实现租金收入——土地价格的最大化。在竞争均衡时，厂商的经济利润为零，即

$$P\times y^{*}-C\left(y^{*}\right)-R_{c}=0 \tag{4.1}$$

式中：$C\left(y^{*}\right)$为可变成本，即除土地之外的其他投入。

由公式（4.1）可知，租金$R_{c}=P\times y^{*}-C\left(y^{*}\right)$，在区域内，由于地价中包含了机会成本，于是

$$R_{c}=R_{d}+R_{a}=P\times y^{*}-C\left(y^{*}\right)$$

式中：R_c为区域地租；R_d为区域净地租；R_a为区域农业地租。

如不考虑地租因素，集聚经济效益的存在提高了厂商的生产力和利润，从而区域地租也将得到提高。产品价格和其他要素价格完全由市场供求决定，从而在社会资源实现均衡配置时，除土地外，可流动要素与产品价格既定，而产量及成本则取决于所在区位的聚集状况，即聚集经济利益的高低。区位越有利，聚集经济利益越明显，则厂商的经济利润越高，地租支付能力也就越强。所以区位不同，地租水平不同，形成区域级差地租，从而对土地利用进行有效的调节。当社会资源实现时空有效配置时，城市土地得到了最佳利用，聚集经济效果得到了最大发挥，城市总差别地租达到最大。换句话说，通过

市场竞争，聚集经济最终在城市地租中得到了充分体现，即聚集经济利益实现了地租资本化。类似地，均衡时，居民的收入既定，其消费需求也将确定。因区位不同而形成的居民收入、效用差异也将因地租支付而消失。也就是说，通过竞争，居民的聚集利益也将资本化于地租中。

②集聚效应的宏观表现形式。聚集效应下厂商、居民的聚集结果，不仅对要素配置产生了影响，而且整个宏观经济也因要素利用效率的提高而得到改善。就城市整体而言，聚集经济利益在上述微观作用下使得社会资源得到了更为有效的利用，从而使得整个区域经济呈现出规模经济化特征。这种具有规模经济的区域对周围区域的经济具有一定的影响力，这种影响力的大小、强弱和范围与区域聚集经济效果具有正相关关系，即区域聚集经济越明显，辐射力越强，其经济腹地范围也就越广。

在开放的区域中，城市并不是以杜能的“孤立国”形式而存在的。正如奥古斯特·勒施、沃尔特·克里斯塔勒等经济地理学家所指出的，即使地表是均一的，通过空间市场的竞争，也将形成众多相互依赖、等级排列、大小不一的城镇体系。空间市场竞争的均衡，将使这些城市的市场区以六角形交叉分布，而在历史、地理、交通等方面的影响下，市场网状组织体系可能呈现出非规则的多边形或带形等构造。这里所关注的是与市场区（腹地）相联系的城市体系之间的地域分工与聚集经济之间的关系。如前所述，聚集经济与周围腹地具有正相关关系，前者决定了后者的最远边界。但当其他城市存在时，这种边界就可能交叉。对于介于两座城市之间的居民而言，毫无疑问，较低的工业品到岸价格与较高的农产品购买价格将具有吸引力。因此，在其他因素（人口密度、农村生产力、运输技术等）不变的情况下，两个城市之间的市场边界将取决于与城市规模相联系的聚集经济利益的大小，即聚集效应决定着区域的聚集规模及其与区域经济的依存程度。

③集聚效应的空间作用机制。通过前面的分析，我们可以清楚地看到聚集效应的作用是极其广泛而深入的，它不仅是一定时期各种经济社会要素在城市空间配置的结果，而且是促使城市空间结构形成与演进的根本动力。在微观层面上，集聚效应通过对厂商、居民的影响引起城市内部区位的竞争，从而决定着城市土地的利用状况，并通过这种微观作用引起生产要素和产品

的空间聚集和流动。在宏观层面上，集聚效应决定着城市的聚集规模及其与区域经济的依存关系。因此，可以说，集聚效应在微观上通过土地市场的作用决定着城市的土地利用，而在宏观上又通过产业效应决定着城市及其区域经济的规模和潜力。

最初，区域空间结构的形成是区域内部居民和厂商在区域不同经济活动中重新配置和组合土地资源和要素的过程。由于各区位条件及其组合不同，区位表现出不同的空间态势，条件或者要素组合较好的区位表现出高态势。集聚总是开始于高态势的区位，通过循环累积不断集聚外围的资本、劳动力等，从而进一步加强区位态势，导致经济集聚，促成区域经济增长极或增长中心的形成。随后，区域集聚规模不断膨胀，一旦区域空间的集聚规模超过临界值，区域基础设施的负荷就会不断加重，这些不利因素会降低该区位的聚集经济效益，甚至出现聚集不经济。此时，由于外围地区也具备了一定的发展基础和吸纳能力，资本和劳动力等要素便开始由中心向外围扩散，在合适的区位重新集聚。如此，“集聚——扩散——再集聚——再扩散”的过程如同波浪一样在区域空间不断展开，使区域空间结构不断更新。

长期来看，区域经济是一种动态性经济，各种需求在这里集中，并且迅速变化。随着区域的发展，社会经济要素在区域聚集的总量、构成和布局方面会发生变化。这种变化一方面来源于诸如分工利益、规模经济、交易费用的节约、市场效率等聚集经济的广度与深度的增减；另一方面则来源于诸如土地投入、拥护成本、污染状况等聚集成本（不经济）的升降。这种变化会改变区域整体和局部的聚集效应，并影响到区域土地有效利用与空间布局的过程，从而使得区域的功能结构、聚集内容、主体外部关系等均发生变化，并引起区域聚集效应和空间结构的变化。

4.1.2.3　产业结构升级

产业结构升级的驱动方式是区域空间地域扩展在社会经济系统运动上的外在表现法则，是区域空间结构演变的直接动力。产业结构的升级和各产业经济增长的速度、规模、方式等直接影响着区域空间地域扩展的速度、规模和方式，进而对区域空间结构演变产生重大影响。

区域经济的发展过程实际上也是一个产业结构转换和主导产业部门置换

的过程，也是资源和土地等要素的时空配置及其结构形成、调整和转换的过程。在区域发展过程中，空间结构的演变表现了区域各产业之间优势地位的连续不断更迭的状况，后者使得区域空间结构不断成长、进化和整合。具体地说，在新的产业形成初期，如果该部门的生产和服务满足不了需求，产品和劳务价格将上涨，从事该部门生产和服务的企业除获得正常经营利润外，还可获得由于供给不足造成产品和劳务价格上涨所形成的超额利润。这使得厂商可根据生产需要，选择适当地点和用地来扩大生产。受经济利益驱动，一些新的厂商转入该行业，该产业进入蓬勃发展期。随着产品和劳务服务增加，价格趋于降低，直至仅获得正常生产经营平均利润，在技术条件日趋成熟的情况下，对聚集经济的依赖性不断减弱。为了降低成本，企业不得不寻找适合自己发展的新区位，调整产业布局。当生产的劳务供过于求时，价格下降，过低的产品和劳务价格难以达到正常经营利润，必然导致经营不善，某些厂商退出该行业。这一过程持续至供求趋于一致时为止。上述演化过程在城市中不断重复，城市空间结构和产业结构也就相应地根据市场需求变化进行调整。

区域产业结构升级的过程，实质上就是较低层次的产业形态经历了成熟之后逐渐走向衰落，较高层次的产业形态在新生基础上不断成长的过程。在这一过程中，伴随着技术的迅速进步和大量新兴产业的发展，产业结构发生根本质变，城市功能不断走向多样化和现代化。成熟的产业具有相对成熟的生产技术和组织结构，以及较为稳定的交易网络，减少了“面对面”的交流，以及聚集经济的其他方面的需求；而较高层次的产业，新生阶段在生产技术和交易网络等方面具有不成熟性和不稳定性，对聚集经济的要求较高。因此，就会出现新生产业驱逐成熟产业的现象，造成成熟产业的空间转移，区域聚集利用的资源类别也发生改变，而不同产业结构对区位选址的要求存在差异，这就决定了区域聚集状况、空间分布及土地利用结构均发生变化。例如，在以农业为主的产业结构条件下，区域经济活动以分散的形式在空间中体现出来，形成的是初级的区域空间结构形态。随着向工业社会的逐步演变，经济活动在一定程度上开始聚集，先后形成了极核型、点—轴型等空间结构形态。可见，产业结构的升级与调整与区域空间结构的演变存在着本质的联系。

此外，国内外许多城市和地区在向现代化和国际化城市迈进的过程中，也曾经历了产业结构的升级、空间结构优化的过程。例如，国内许多城市制定的“退二进三”、旧区改造、新区开发和都市圈等发展战略，其实都是为了适应城市空间结构演化的客观规律，将成熟的产业从城市中心区迁移出去，为新生产业和经济效益高的产业腾出发展空间。伦敦在工业化初期形成的以泰晤士河畔工业、仓库为主的空间结构随着经济发展被以宾馆、俱乐部、商贸等设施为主的空间结构所取代。纽约、巴黎和东京等许多著名的城市，在向现代化和国际化城市迈进的过程中，也都曾经历了产业结构不断升级，空间结构不断优化的过程。

4.1.2.4 技术进步

传统的空间结构理论以技术条件不发生变化为前提，而自 20 世纪 70 年代以来，新技术革命所带来的技术进步使资源空间配置环境发生了一系列变化。如今，人们已经广泛接受技术进步作为经济发展动力源泉的观点，它不仅是影响城市聚集的直接因素，也是区域空间结构演化的动力。

区域空间结构的演化规律是建立在技术进步基础之上的。技术进步从广义上讲，指技术所涵盖的各种形式知识的积累与改进。在开放经济中，技术进步的主要途径有技术创新、技术扩散、技术转移与技术引进。技术进步会通过对建筑、交通、土地供给、资源流向等因素的影响进而促使区域空间结构发生演变。一般来讲，交通技术和信息技术进步是影响区域空间结构演变的主要因素。

（1）交通技术进步的驱动作用。交通技术的进步可以改变城市空间拓展的方向。区域地域功能结构变化的主要影响因素是空间地域的关联与作用程度，而这很大程度上取决于该地域的空间可达性。在某一特定时间，交通技术的进步及交通运输网络的结构和能力影响了区域内部及区域之间交往的便捷程度，即在技术不断创新的背景下，交通系统本身决定了区域的空间可达性，二者是相互依存的关系。

区域交通技术的进步通过提升空间可达性达到优化区域空间结构的目的，其作用途径主要包括：一是交通技术的进步使得通勤成本降低，通勤成本对区域发展的约束力下降，促进了区域空间范围的扩大；二是交通技术的不断进步，节省了运输费用，企业布局时可以降低对原料产地和市场的依赖，而选择在资金、技术、土地供给等各方面具有区位优势的地区聚集；三是伴随着现代交通技术和交通方式的进步，现代快捷交通运输方式的聚集和汇合点成为企业和城市的聚集区，一批具有持续发展动力、腹地广阔、经济基础雄厚的城镇迅速发展起来，使得区域规模不断扩大，职能不断增加，逐渐形成沿着交通干线呈带状分布的区域空间结构。总之，在交通技术进步的背景下，区域空间结构演化始终遵循由单一化向复杂化转变的增长方式。

（2）信息技术进步的驱动作用。信息技术对区域空间结构演变的作用方式主要表现为促进区域空间结构的分散与集中。

一方面，信息技术促进区域空间的中心分散与局部聚集。信息技术使以往以大集聚为特征的传统都市生活模式得以改变，区域中心城市和地区的吸引力逐渐下降，而区域边缘地区的吸引力有所上升，这使得人口和产业的空间布局有了更多的选择余地，从而出现由中心地区向边缘地区的大规模的空间梯度转移，区域空间结构由单一中心向多中心、多层次、组团型结构演变。

另一方面，信息技术促进区域空间结构的外向化发展。信息技术的飞速发展，有效降低了信息传递的时空限制，加速了信息的国际化流动，区域经济一体化走向经济全球化，促进了全球性生产与分工体系的形成，从而促使外向化区域空间结构形成和不断演化。

4.2 物流园区对区域空间结构演变的作用机制

区域空间结构的形成是一个从简单到复杂、从低级到高级、从无序到有序的过程，反映了区域内部各种经济组织进行空间分布与组合的结果。物流园区作为一种促进经济高效运行的先进管理技术和组织方式，深刻影响着区域空间结构的演变，最终通过优化区域空间结构来促进区域经济良性运转，具体影响路径如下。

4.2.1 物流园区发展对分工和专业化的影响

从物流园区形成的机理来看，分工和专业化是其演进的根本动力。初期物流活动以运输、包装和仓储等形式分散于企业生产的各个环节，随着市场竞争的加剧，企业对内部的分工结构进行调整，即专注于企业核心业务，而将非核心业务进行外包，物流园区通过整合这些物流业务形成一种新的分工，实现了专业化带来的收益递增。反过来，物流园区的发展也会进一步促进分工和专业化的深化，这主要体现在以下两个方面。

首先，流园区的发展能够提高交易效率，降低交易费用，从而促进分工和专业化的演进。物流园区作为提供专业物流服务的企业集聚地，具有一定的规模经济优势，能够实现以较低的成本为多个客户提供采购、仓储、包装、运输和配送等综合物流服务。因此，物流园区作为专业化的产业组织形态，通过其高效的物流服务和管理活动，提高了市场交易效率，降低了供应链的交易成本。

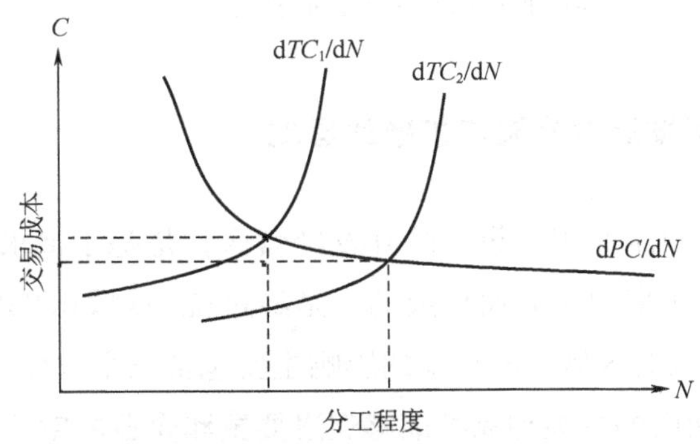

图 4–1 交易成本与分工程度的关系

图片来源：刘秉镰．基于经济发展关联机制的城市物流规划方法研究[D].北京：北京交通大学,2007.

如图 4–1 所示，从经济学角度分析了交易成本和分工的关系。C 代表交易成本，N 代表交易次数，即分工程度，dTC/dN 为边际交易成本，dPC/dN 为边际生产成本。由于分工促进了专业化，边际生产成本会随着分工程度的加深而降低；同时，边际交易成本则会随着分工程度的加深而增长，图中边际交易成本与边际生产成本的交点就代表了一定交易成本下的分工程度。由图中曲线的走向可知，当交易效率上升时，边际交易成本曲线是向下弯曲的，说明分工程度会加深。制造企业将非核心的物流业务外包给物流园区内各物流服务提供商，无疑提高了市场的交易效率，降低了边际交易成本，进而促进了区域分工和专业化的深化。

其次，物流园区能够规范集群内部的经营行为，减少机会主义行为，降低内生交易费用。由于园区具有空间集聚的特征，即相关企业在空间上的集聚，其生产经营活动的相似性需要有组织来协调利益、约束行为、维护权益，集群内行业协会、雇主协会、商会等组织应运而生，其主要职能是根据市场规则和政府政策法规，制定集群内的行业规章制度和公约，以约束集群内成员的市场行为，维持集群内生产经营活动的正常秩序，加强集群内各企业经营活动的自律性。集群内各种中介组织的服务使企业之间、经营者之间建立稳固的个人网络和社会网络，强化集群内部的稳定，增加各行为主体间彼此的信任，减少违约、欺诈等机会主义行为，有效地降低了产业集群的内生交易费用，进而促进了区域分工和专业化的深化。

4.2.2 物流园区发展对集聚与扩散的影响

物流园区是物流业相对集中的开发经营区，是基于追求集聚效应而将区域内众多物流企业集中布局而形成的，是经过统一规划的物流企业的集中和示范区。物流园区对区域空间集聚的影响主要包括三个方面。

4.2.2.1 物流园区的发展和完善能够促进要素和企业的空间集聚

一个层次清晰、功能完善的区域物流园区体系，既可以有效降低区域内物流运行的交易成本和流转成本，又可以促使区域内信息、技术、人才、资金和政策等一系列资源要素流动和整合，从而提高区域产品的生产和流通效率。区域是一个开放的系统，它与周围区域不断发生着信息、技术、资金和其他生产要素的流动，而生产要素是追求效益最大化的，因此，物流园区的发展除了能提高区域的生产效率和流通效率外，还可以提高要素报酬率，进而促使生产要素进一步向区域聚集。

我们可以用一个简单的数理模型来表示，假设生产函数为：

$$Q = A(G) f(L,K)$$

式中：L 是劳动力投入；K 是生产性资本存量；G 是物流园区的发展水平。

达到均衡时，生产要素的价格会等于生产要素的边际收益，因而，劳动力工资和资本价格分别为：

$$w = pA(G) f_L(L,K)$$

$$r = pA(G) f_k(L,K)$$

在最初静态均衡时，城市和周围区域的劳动力工资和资本价格都相等，$A(G) > 0$，即 $A(G)$ 随着 G 的上升而上升。因此，如果一个区域物流园区的发展速度和服务水平高于周围区域，那么随着物流园区的发展，该区域的劳动力工资和资本价格会高于周围区域，促使劳动力和其他要素向该区域聚集，从而强化区域的集聚效应，促使区域规模扩大。

4.2.2.2 物流园区的发展促进产业集聚

物流园区的发展能够促进产业集聚，这种影响主要体现在以下两个方面：

（1）物流园区的发展促进了物流业本身空间集聚。物流园区通过降低交易成本提高园区内企业效益，促使物流企业的空间集聚。物流园区作为通过物流活动组织的空间集聚，实现物流业务的分工运作与集约化经营，形成了一种地域生产综合体组织，从而有助于园区内物流企业集群合作伙伴之间交易成本的降低，如降低搜寻交易对象的费用、减少各种履约风险等，从而提高企业效益。

（2）物流园区的发展促使其他与物流相关产业集聚与扩散。一是随着信息化时代的到来，单个企业的竞争转向企业所在供应链的竞争。为了提高整个供应链的竞争力，核心企业开始专注于在核心能力上进行系统化的管理和规范的操作，而将企业非核心业务（如仓储、运输、包装等）外包，在一定程度上，促进了企业之间的分工和协作。这使得物流企业在提供服务的过程中专业化程度不断提高，并使物流业成为一个新兴的现代产业，也使得物流企业参与供应链的竞争，成为制造业企业价值链重塑的重要组成部分和企业的利润源泉。从这个意义上说，物流园区作为物流企业的集聚区，是社会经济发展和分工深化的结果，也是制造业专业化的基础和拓展，是制造业空间集聚的重要前提条件。二是核心业务的分割会促进企业竞争力与物流园区的发展，同时在提供专业化和功能齐全物流服务的基础上，减少步骤、缩短周期、提升反应速度，从而有助于企业业务流程的创新与优化，获得生产率优势，在价值链上体现出独有的价值。因此，企业能够在更广阔的市场范围内整合和聚集资源，形成并促进产业空间集聚的形态。

4.2.2.3 物流园区的发展通过扩散削弱区域空间差异

物流园区在集聚效应加剧空间不平衡性的同时，还借助扩散效应削弱空间差异引起的空间势能。物流园区对空间扩散的影响主要体现在以下两个方面：

首先，物流园区作为区域物流企业的集聚地，在从周边地区集聚经济要素的同时，必须通过投资基础设施、转让技术等多种形式，促成广大周边地区物流基础设施及物流技术的改善，以不断提升物流园区服务的功能。随着资金及技术的转让与扩散，空间集聚造成的差异性逐渐被削弱，社会分工不断细化、城市规模不断扩大，进而推动区域空间结构的演进。

其次，物流园区集聚的外溢作用。前面分析物流园区通过参与供应链竞争，不断推动着供应链企业价值链的重塑，这将促进区域内部产业结构、技术结构的调整和演化，原有产业集群的核心产业逐步衰落，新的产业群落向落后地区转移，这是物流园区所造成的核心企业主动外溢。物流园区的过度集聚，会产生聚集不经济现象，环境问题也日益严重，此时将出现核心企业被动外溢。此外，当物流园区集群的自强化机制导致集群的竞争优势与周边落后地区的经济差距不断扩大时，政府可能采取措施干预以改变这种状态，实现区域空间的扩散。

4.2.3 物流园区对产业结构升级的影响

根据区域产业结构发展演进的一般规律，产业结构的升级是一次产业向二、三次产业升级演进，劳动密集型向资本、技术密集型产业演进。物流园区的构建与完善对区域产业结构升级的影响主要是通过产业间优势地位的更迭来实现的。

首先，物流园区的中间投入与中间需求都与工业密切相关。物流园区的发展通过上下游的产业联系，一方面提高了制造业的产量和第二产业占国内生产总值的比重，特别是对交通运输设备（如车辆、包装、装卸设备等）具有巨大的促进作用；另一方面促进了第二产业的产业分工和产业链重整，实现研发、制造、管理、营销等多个环节在空间上的分离，为区域产业实现梯度转移创造条件，促进新兴产业的发展和产业层次的提高。

其次，从发达国家的经验来看，第三产业在国内生产总值中的比重已经超过了第二产业，成为拉动经济增长的主要力量。大力发展第三产业正是中国目前产业结构调整和优化的主要方向。物流园区是物流产业发展的基础保障，而物流产业又是第三产业的支柱行业。因此，物流园区的发展有利于提升第三产业在国民经济中的地位，实现产业结构提升和转换。具体表现为：一方面，物流园区发展，物流服务产出规模扩大，必将推动第三产业产出总量的增加，有助于提高第三产业在国内生产总值中占比；另一方面，物流服务水平的提升，将推动第三产业劳动生产率的持续增长，促进第三产业结构的优化。一个行业的生产率可以反映出该行业的产出效率，蒋妍菡（2004）分析指出，运输、仓储和通信业的相对生产率在发展中国家是相对较高的，仅次于金融、保险和房地产业。物流园区的发展，会促使这些行业在第三产业中的比重上升，促进第三产业生产率的稳定增长。因此，加快物流园区的构建与完善，对提高国内生产总值中第三产业占比、优化我国产业结构具有重大意义。

最后，物流园区的建设能够促进商流、资金流、信息流、技术流的空间集聚，以及交通运输业、商贸业、金融业、信息业和旅游业等多种产业的发展，这些产业都是第三产业重要的组成部分，也是第三产业发展的基本保障。此外，建设物流园区需要利用现代化的物流设施和先进的信息网络进行管理。相对于分散经营、功能单一、技术原始的储运业务，现代物流属于技术密集型和高附加值的高科技产业，具有资产结构高度化、技术结构高度化、劳动力高度化等特征。从这个角度来说，建立物流园区有利于经济区域产业结构向高度化方向发展。

总之，现代物流产业的本质是第三产业，是现代经济分工和专业化高度发展的产物。物流园区的构建，能够使区域物流发挥整体优势和规模效益，促进经济区域物流系统的形成，并向专业化、合理化的方向发展。完善区域物流园区规划，可以提升区域制造业和服务业的整体运作水平，增加第二、第三产业的附加值，提高它们占国内生产总值的比重，使产业结构趋于高级化。

4.2.4 物流园区对区域技术进步的影响

物流园区对区域技术进步和创新的影响主要体现在以下几个方面。

首先，物流园区能够为技术进步和创新提供一种良好的氛围。园区内物流企业的集中布局，会让企业感受到更大的竞争压力，从而促使企业不断进行技术创新和组织管理创新，以期获得并维持竞争优势，适应迅速变化的市场需求。此外，由于地理邻近，园区内企业间合作密切，这将有利于新知识和新技术的传播，由此形成知识的溢出效应，获取“学习经济”，增强园区内企业的技术创新和研发能力。

其次，物流园区的形成有利于促进知识和技术的转移扩散。物流园区空间的邻近性，不仅可以加强显性知识的传播与扩散，更重要的是可以加强隐性知识的传播与扩散，并通过隐性知识的快速流动进一步促进显性知识的流动与扩散。物流园区内聚集了较多的物流企业，竞争压力激励着企业的技术创新，同时空间上的邻近又创造了较多的参观与交流的机会，这种互相竞争与学习的区域环境促进了企业的技术创新。物流园区内技术领先的企业会主导产业技术发展方向，当某项核心技术获得创新性突破时，园区内其他企业很快会出现协同创新，共同参与和实施该项创新。

最后，物流园区内企业的集聚可以降低技术研发成本。除了显性知识和隐性知识的交流，由于空间的邻近，物流园区将促使企业建立以相互信任为基础的竞争合作机制，这有助于加强企业间进行技术创新的合作，从而降低技术研发的成本。

总之，物流园区内部具有良好的发展环境，如宽松的政策环境、发达的分工网络和庞大的市场规模，能将先进经验和技术知识向周围扩散，带动区域经济发展。同时，园区内企业的空间邻近性，使得企业在信任基础上传递有价值的隐性知识，通过经验和信息的频繁交流，促进各种技术的创新与进步。

4.3 区域空间结构对物流园区层次规划的作用机制

物流园区的派生性基本特征表明它不能独立存在和发展，而必须依托商业以及运输等行业而存在，因此，物流园区规模、专业化程度和市场范围的大小均与它们布局所依托的城市或地区在整个区域中的等级序列排位相对应，不同级别与支配力的城市或地区对应不同层次与水平的物流园区，物流园区在区域空间上会形成非均衡状态的中心地等级模式。据此可知，在区域物流园区空间布局过程中，我们应充分考虑区域经济发展及物流需求的不平衡性，分清主次，明确物流园区层次结构与发展次序。

4.3.1 非均衡的区域空间结构对物流园区层次划分的作用机理

非均衡发展理论是由德裔学者艾伯特·赫希曼（A O Hirschman）提出的，他认为，经济增长过程在实质上是不平衡的，理论上的平衡是不现实的。最初非均衡发展理论多作为发展中国家实现经济发展目标的战略选择，而后鉴于区域与国家诸多方面的相似性，又被经常引用和借鉴于区域经济发展战略选择。非均衡发展理论认为发展中国家受资金、技术、人才等条件的制约，经济不可能实现全面均衡的增长，只能通过优先发展个别区域，尔后带动其他区域发展的非均衡增长模式，最终实现整个国家或地区的均衡增长。目前，非均衡发展策略已经成为区域经济发展的主要方式。

区域物流园区的发展亦如此，作为一种次生需求，物流需求是伴随着区域经济发展对社会化物流服务的需求而产生和不断发展的，故与区域经济发展呈现不均衡相类似，各地区的物流需求水平、物流园区处理能力及规模也存在着不均衡性。因此，在区域物流园区系统中，各物流园区的功能及层次不尽相同。本书将以区域经济发展的不均衡为基础，运用非均衡发展的区域空间结构模式来指导物流园区的层次划分，以实现区域物流园区之间的合理分工、优化物流系统并最终促进区域物流及区域经济的发展。

4.3.1.1 “增长极”模式下的物流园区空间层次划分

“增长极”模式是区域经济非均衡增长下空间结构的基本模式之一。“增长极”理论最早由法国经济学家佩鲁（Francois Perroux）于1950年提出，后经布代维尔、弗里德曼、缪尔达尔、布郎等许多经济学家发展，已经成为指导区域经济发展的重要理论。“增长极”理论的主要观点是：经济发展不是均衡地发生在地理空间，而是以不同的强度出现在一个或数个增长点或增长极上，尔后沿着不同的渠道逐渐向其他地区传导，并最终按不同效应对整个区域发生影响。“增长极”作为一种具有推动性的经济单位，通过极化效应和扩散效应促使其他单元的经济增长——通过选择特定的地理空间作为增长极，使得生产要素在该空间不断集中，形成集聚经济效益，并通过乘数效应，不断吸引和拉动其他经济活动向增长极聚集，从而实现极化效应，扩大区域差异，特别是扩大增长极与广大区域之间的差异。尔后，地理空间的极化效应进一步增强了集聚经济，加速了增长极的增长速度并扩大了其吸引范围，最终增长极的推动力通过一系列的联动机制不断向周围发散，从而实现扩散效应，大范围地带动了区域经济的发展。

“增长极”理论主要被应用于促进落后地区的经济增长、加快城市腹地的经济发展和缓解大城市地区过度集中的压力等方面，其指导实践的具体方式是通过对增长极的合理选择与培育，促进并最终实现区域间的共同发展。增长极在广义上有许多含义，如消费热点、技术创新点及城市增长极等。狭义上，经济意义上特指某种推进型产业或公司，地理意义上特指某个地理区域或地理空间。在本书中，将物流园区作为狭义上的增长极，取其作为某种推进型产业的含义。“增长极”理论下物流园区空间层次划分，要求相关部门在进行物流园区规划时，首先要充分考虑各地区经济基础、物流发展条件等方面存在的差异，优先在物流条件较为优越的地区构建高层次物流园区，进而获得良好的资源空间配置效应。其次，物流条件好的地区通过物流园区自身的发展与创新不断吸引和拉动周边地区经济要素和经济活动向物流园区设施区域集聚，诱导其他经济单元的成长，从而使该地区具有优先增长的优势。最后，作为增长极的物流园区通过扩散不断向周边地区辐射直接或间接效应，带动相邻地区的共同发展，从而不断完善区域物流系统。

4.3.1.2 “梯度推进”模式下的物流园区空间层次划分

“梯度推进”理论源于美国经济学家弗农（R.Vernon）提出的工业生产

的产品生命周期阶段理论，这种理论以产品的生命周期为基础，认为各工业部门均处于不同的生产循环阶段上，在发展中必须经历创新、发展、成熟和衰老四个阶段。区域经济学家将这一理论引入区域经济学中，便产生了区域经济发展梯度转移理论，该理论认为区域经济发展是不平衡的，梯度转移通过多层次城市系统扩展开来，就如各城市处于不同的阶梯上，随着经济发展和时间的推移，高梯度城市会逐步向处于第二级、第三级的低梯度区域推进，各城市间差距逐步缩小，最终实现经济分布的相对均衡。该理论现已被广泛应用于国家或大范围的地区经济开发中，按照各地区经济及技术发展水平，采取由高到低依次分期、逐步开发的宏观模式。

运用这一理论来规划物流园区的层次体系，主要是针对区域经济发展不平衡所导致的物流需求分布不平衡的现状，探讨物流园区构建的时间及空间次序，寻求构建物流园区空间结构的最佳途径。经济发展条件好、物流需求旺盛、基础设施水平高的地区优先构建较高层次的物流园区，尔后再逐渐向低一级的梯度进行推移，从而使得梯度间差距逐步缩小，最终实现区域物流发展的相对均衡。

在“梯度推进”理论运用于区域物流园区空间层次划分的实践过程中，首先要按照“梯度推进理论”考虑区域内各城市之间物流产业的梯度辐射作用。例如，京津冀地区北京、天津的物流产业中，国际物流占据相对较大比重，在国际物流体系发展方面，就要考虑北京、天津作为国际物流中心的梯度辐射作用。其次，在物流园区构建中要考虑节点的地域差异，体现出物流节点空间上的递增或递减现象，使一级物流节点城市向周围（二级或三级物流节点城市）递减分布。随着物流业的发展，这种梯度逐渐向外推移，一级物流节点城市向更高的梯度发展。总而言之，对物流园区进行空间层次规划，就是要在充分考虑物流园区构建的梯度效应基础上进行相关设施的合理布局，从而适应区域物流业及经济发展的需要。

4.3.1.3 “点—轴”模式下的物流园区空间层次划分

我国经济学家陆大道先生于 1984 年提出“点—轴”系统理论，并进一步阐述了“点—轴空间结构的形成过程”“发展轴的结构与类型”“点—轴渐进式扩散”“点—轴—聚集区”等多方面内容，形成完整的“点—轴”系统理论体系。“点”是各级中心地，是各级区域的积聚点，对各级区域发展具有带动作用。“轴”是在一定方向上联结若干不同级别中心地而形成的相对密集的人口和产业带。他认为，地域经济在集聚效应的作用下，应该在点上聚集，使区位优势最大的点成为区域增长中心，当各种生产要素通过向心运动在点上的集中达到一定的规模后，中心将逐步产生扩散效应，带动周边地区发展。

“点—轴”系统理论是在中心地理论、增长极理论和生长轴理论基础上提出的，陆大道将中心地理论中关于空间集聚和空间扩散规律的思想有机地嵌入“点—轴”系统理论之中，成为该理论的主要基石。“增长极”作为区域发展的极点的观点也被引入“点—轴”系统理论，并将其转化为“点—轴”理论的重要框架——“点”（各级中心城市）。此外，沃纳·松巴特倡导的生长轴理论是“点—轴”系统理论中“轴”论的理论源泉，他认为，随着重要交通经济带的建立，连接各主要交通城市的交通干线周围将形成有利的区位，聚集经济将发挥作用，生产成本随之下降，生长轴实质是人口、产业密集带。

“点—轴”系统理论反映了社会经济空间组织的客观规律，作为区域发展的基础性理论，在我国物流规划中得到广泛应用并产生了深远影响，对于区域物流园区层次体系的构建同样具有非常重要的理论研究价值和现实指导意义。“点—轴”理论中的“点”就是以城市为依托的物流园区，“轴”就是城市之间的联结通道（即物流通道 / 交通线）。“点—轴”发展模式充分反映了各级中心地（各物流园区发展点）与各级发展轴线（各级物流通道）之间的依存、促进关系。此外，在不断发展的过程中，交通沿线的一些次一级的城镇也逐步发展起来，形成交通沿线的轴带发展，从而达到以点带线、以线带面的作用，带动整个区域的物流业及经济发展。可见，若采用该模式来指导区域物流节点布局，可以使区域物流园区的发展进程与当地经济发展水平达到最大程度的吻合，使区域物流发展更好地推动区域经济发展。

4.3.2 物流园区层次划分的理论及各层次作用机制分析

物流园区空间层次性主要是由物流园区所在城市的层次等级性决定的，

即高一级的中心城市在具备大规模交通运输基础设施的情况下可以建设高一级的物流园区，而等级相对较低、交通运输基础设施相对较差的中心城市建设低一级的物流园区。

4.3.2.1　区域物流园区空间层次体系

根据非均衡的区域空间结构理论，同一个经济区域内，由于各地区的经济发展水平、社会经济条件各不相同，所以各物流园区所在城市无论在规模、功能定位还是辐射范围等方面均存在差异。依托这些地位、规模、功能、服务范围各不相同的城市所构建的物流园区就形成一个等级分明的区域物流园区空间层次体系。简单地说，物流园区空间层次主要是指物流园区空间布局体系中的层次等级问题，物流园区的层次定位主要取决于其在整个物流服务网络中的地位和作用。

物流园区的层次分化是一个不断发展变化的过程。物流园区由早期的仅为运输提供辅助服务的功能单一的货运场站发展而来，随着全球化及区域一体化经济的兴盛蓬勃，以及多式联运、集装箱运输等现代综合运输方式的迅速发展，物流园区已经发展成为功能多样化的综合性物流服务中心。与以往任何时期相比，物流园区与其所依托的城市空间载体的经济关系都更为密切。因此，现代物流园区根据其所依托城市的优势及区位特点，逐步分化体现出层次性。该层次性主要体现在以下几个方面：一是业务功能。它是物流园区层次划分的最主要依据。通常高层次的物流园区具有的物流服务功能多样化、业务量大，而低层次的物流园区所具有的物流服务功能较单一，业务量较小。二是辐射范围。物流园区的辐射范围等同于它的服务范围。通常，高层次物流园区的空间辐射范围较大，低层次物流园区的空间辐射范围较小。三是分布数量。物流园区体系的层次等级呈金字塔式分布。通常最低层次的物流园区数量众多，较高层次的物流园区数量相对较少，最高层次的物流 园区只有少数几个。

根据上述分层理论，按照物流园区布局所依托的城市在节点体系中所处地位及不同作用，自上而下可将其划分为国际枢纽型物流园区、区域集散型物流园区、地区配送型物流园区三个层次。各层次物流园区所具有的服务功能，通常具有自上而下的兼容性，但不具备自下而上的兼容性。

第一层次的国际枢纽型物流园区一般以两个或两个以上海关管辖区域为服务范围，以连接不同运输方式、实现货物联运换装为主要职能，其作业涉及报关清关、进出口商品检疫、海关监管、保税等多个环节，要有海关联检部门直接参与才能进行和完成，作业技术性强，对设施设备的要求较高，一般需要在港口、空港、陆路口岸等政府规划建设的专门场所进行作业。总体而言，这类物流园区在区域物流系统中起到增长极的作用，是大型的区域物流活动中心，主要承担着大规模、大范围、高频率和高强度的国际物流服务和区域物流服务，兼顾市域配送物流服务，物流服务辐射范围很大，是整个区域物流服务体系的核心，具有集约、调节、转运、集中库存、信息枢纽等综合功能。

第二层次的区域集散型物流园区主要是以城市集群或经济区为服务范围，将分散的货物集中成批量货物或将集中运到的大批量货物分成批量较小的货物，以实现零散货物运输需求与干线规模运输需求的有效衔接。它在物流节点体系中起着承上启下的重要作用，是国际枢纽型物流园区与地区配送型物流园区之间的缓冲和连接，是针对物流园区跨国模式大规模、大范围的物流处理而提出来的一国范围内较小规模和范围的物流节点，即多为跨区域的长途运输，或跨国的大型物流运输与城市配送体系之间的转换枢纽，或对多式联运起重要支撑作用的转运枢纽。该类型的物流节点规模较大、物流功能齐全、物流服务辐射范围较大、货物吞吐能力强，且多位于城市郊区的交通枢纽如车站、码头、机场或公路交会处等。

第三层次的地区配送型物流园区主要以城市及周边地区为其服务范围，该类作业主要包括按用户要求完成配货、送货等主要业务，进行有关货物的分类、包装、保管、在库管理等辅助作业。它在区域物流节点体系中是一种末端的物流节点设施，主要支撑城市内或城市周边商贸生产或城市生活的物流节点，物流服务辐射范围较小。总体来说，配送中心是买方市场环境下的物流节点，它是在城市中为有物流需要但物流量未达到一定规模的地点建立的物流设施，这种物流设施可以只承担单一的物流功能或单一物资品种的物流功能，也可以是承担多品种、小批量的物流配送功能，主要为特定范围的用户服务，规模较小。

总体而言，国际枢纽型物流园区是综合性的大规模的物流节点，主要实现的是快速、大量、长途的跨境或干线运输，尤其是多式联运的干线运输。区域集散型物流园区则是某专业范畴的综合性大型物流节点，与干线运输及末端运输相衔接。地区配送型物流园区则是面向最终客户需求的末端运输、规模较小的多批次需求的专业性物流节点。

4.3.2.2 各层次区域物流园区作用机理分析

“点—轴”系统理论反映了各级物流园区与各级物流通道之间的依存、促进关系。“增长极”理论反映了作为增长极的物流园区城市与区域腹地的联系。“梯度推进”理论反映了区域内各层次物流园区构建和发展的空间次序。按照这些理论的作用机制，本书认为在区域物流园区体系中，最高层次的物流园区借助于轴线的传输作用，并依靠极化效应和扩散效应，顺次推动各层级物流园区的规划与构建，以最终促进区域内物流业的整体发展，图 4–2 为各层级物流园区相互作用机理的示意图。

（1）物流园区布局的城市——“点”的作用。物流园区的发展需要以城市为依托，这涉及城市的经济发展水平、进出口额、物流企业的发展规模等。经济发展水平越高，人们的消费欲望越强，社会对降低物流成本、加快物资流通速度就提出越高的要求，这有利于物流企业集聚并形成高一级的物流节点。

①极化效应。区域内核心物流节点城市（国际性物流园区所在城市）由于在区位、交通、经济、政策等方面相对周边地区均拥有较多的优势，具有较大的开发潜力，所以成为优先开发的地区并获得良好的资源空间配置效应。然后，该城市或地区通过自身的发展和不断创新来吸引周边地区的经济要素和经济活动向该区域聚集，从而实现极化效应，扩大了区域差异。

②扩散效应。核心物流节点城市经过一段时间的发展，物流业已达到较高水平，物流基础设施比较完善，同时物流市场竞争也不断加剧。竞争环境的变化导致企业利润下降，新进入的企业在中心地带已不能获得超额利润，因此就选择在周边地区进行布局。另外，随着竞争的加剧，市场对物流服务的功能及水平提出了更高的要求，这使得大部分物流服务企业及机构不断地构建各种设施来完善其物流网络。这些都使得经济及物流资源开始疏远中心

地带，聚集在周边区域，推动该地区物流水平的提高，逐步缩小该地区与核心物流节点城市的差距。

（2）城市间物流通道——“轴”的作用。物流流程中的很多环节最终要依靠交通来实现，因此，物流业对交通设施有很强的依赖性。物流园区在依托交通设施发展的过程中，交通沿线的一些次一级的城镇也逐步发展起来，形成交通沿线的轴带发展，从而起到以点带线、以线带面的作用，带动整个区域的物流业及经济发展。区域物流园区可优先布局在沿海城市或者铁路、公路、航空枢纽或中转站，使得物流企业在园区内集中，再依托外围交通基础设施形成物流发展轴线，实现由点及线直至圈域的扩散，进而带动整个区域的发展。

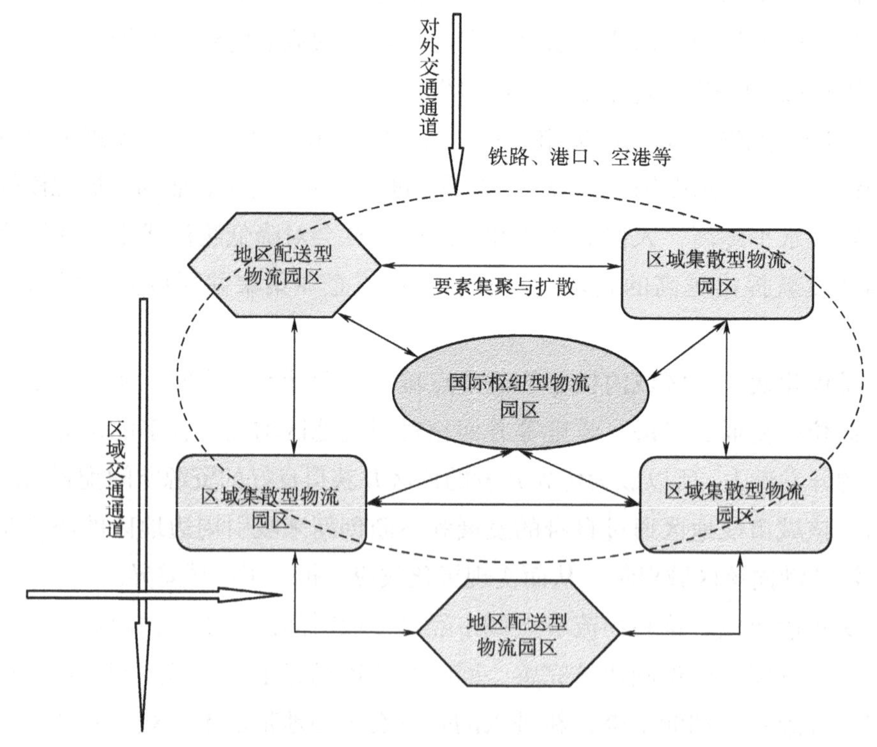

图 4–2　各层次区域物流园区相互作用机理图

资料来源：笔者研究整理。

4.4 本章小结

分工和专业化、要素的集聚与扩散、产业结构升级和技术进步是区域空间结构演变的重要影响因素。基于此，本章探讨了物流园区对区域空间结构演变各影响因素的作用方式，主要包括通过降低交易成本促进分工和专业化的深化，通过要素和产业的集聚强化集聚效应，通过外溢作用实现扩散效应，通过提升制造业和服务业的整体运作水平促进区域产业结构的升级，通过基于信任的经验和信息的频繁交流促进各种技术的创新与进步。此外，本章还探讨了基于非均衡的区域空间结构具体模式对物流园区空间层次规划的作用机制，提出了区域物流园区空间层次划分方式——国际枢纽型物流园区、区域集散型物流园区和地区配送型物流园区，并进一步探讨了各层次物流园区自上而下兼容并包的作用机制。总之，本章的研究为后续物流园区空间层次划分方法的构建奠定了理论基础。

5　物流园区与区域产业结构的关联机制

从国外的实践来看，物流需求主要来自第二产业中的制造业和第三产业中的商贸流通业，所以第二产业和第三产业产值越大、占比越高，区域物流需求也就越旺盛。第三产业除对物流产业发展产生需求外，还为物流发展提供人力支持和物质条件，特别是在第二、第三产业形成双轮驱动、相互促进的发展阶段，物流产业将会有一个突飞猛进的发展。可见，物流园区的发展与区域产业结构存在着密切关系，基于此，本章将重点研究物流园区与区域各产业的关联关系，并着重探讨物流园区与区域制造业的关联与互动机制，这将为基于产业关联视角来研究物流园区的空间布局与选址等问题提供重要的理论支撑。

5.1　物流园区与各产业关联关系的理论分析

5.1.1　物流园区的经济特性

物流园区的经济特性主要体现在节约交易成本、促进园区内规模经济和外部经济的发展等方面。

5.1.1.1　物流园区与交易成本

交易成本的概念是由科斯在 1960 年发表的《社会成本问题》一文中明确提出的，指仅与交换有关的成本，是在交换过程中所消耗的稀缺资源，这些资源的耗费既不创造产品，也不提高产品的效用，包括搜寻交易对象、讨价还价、订立契约、监督契约执行、维护交易秩序、解决交易纠纷、对违约加以惩罚。威廉姆森在继承科斯思想的基础上，完善了交易费用理论体系，他认为人们所发生的交易关系总是在一定的合同关系中进行的，可将合同方法作为分析交易最基本的方法。

物流企业的交易成本主要指搜寻交易对象的成本，它主要受信息的不完全、不对称和通信技术的影响。物流园区作为各项物流活动开展的主要载体，通过物流活动组织的空间集聚，实现物流业务的分工运作与集约化经营，形成一种地域生产综合体组织。一旦形成这种组织，将会有更多的物流企业进驻并集聚于物流园区，这些物流企业由于空间的邻近实现了完全的信息交换与良好的沟通，这有助于企业之间建立一种相对稳定的信任关系，这种关系可以通过节约企业的伙伴搜寻成本达到降低交易成本的目的。

5.1.1.2 物流园区与规模经济

规模经济指的是在一定科技水平下生产能力的扩大，使得长期平均成本下降的趋势。具体经济学意义的规模主要包括两个方面的特征：一是企业重复生产同一种产品的数量，即横向规模；二是企业内部包含的生产环节的数量，内部一体化程度的高低，即纵向规模。物流园区内规模经济主要通过提供物流服务的单位成本来体现。横向规模主要体现在物流企业规模扩大所带来的单位服务成本的降低，随着物流企业可提供物流服务的客户数量增加，它可以以较低的成本为客户提供仓储、包装、配送等综合物流服务。例如，园区内基础设施及各种专用机器设备是一种固定成本，只能通过扩大其使用量才能降低单位服务的成本。随着横向规模的扩大，单个物流企业纵向规模不断收缩，纵向的分工和专业化也得到发展，大量物流企业的聚集创造了更大的市场需求空间，对物流服务的需求相应增加，从而为园区内物流企业的发展赢得了竞争优势。

5.1.1.3 物流园区与外部经济

外部经济最早由马歇尔提出，是指由某一经济行为引起的，但收益却不归其独占的经济现象。物流园区作为各种企业的空间集聚中心，外部经济性较为明显，主要表现为园区内基础设施及辅助行业的共享。园区是大量物流企业聚集地区，众多企业通过共同分担基础设施建设成本降低单位基础设施建设费用，同时由于服务对象数目众多，辅助行业所提供服务的单位成本也会降低。由于空间上的邻近，园区内的企业容易建立信任感和长期稳定的合作关系，这种关系可以增强信息交流和促进技术的推广。物流园区的形成可以带动劳动力市场的共享，园区内企业的聚集能够吸引大量人才，企业容易获得各类专业人才，各类专业人才也容易找到理想的工作。

5.1.2 物流园区的产业关联效应分析

物流园区作为物流产业的重要支撑，通过提供物流服务而与国民经济其他产业部门之间产生密切的关系。从产业关联来看，物流园区一方面为其他产业提供各种物流服务，满足其他产业对物流的需求；另一方面，物流园区的设施建设需要其他产业提供资源、技术等，从而对其他产业形成需求。简而言之，物流园区与国民经济其他产业的关联是由供给和需求所联系的，这种产业关联有三类方式：前向关联、后向关联和环向关联。前向关联就是通过供给关系与其他产业部门发生的关联；后向关联就是通过需求关系与其他产业部门发生的关联；环向关联是指经济活动中各产业依前后的关联形成了产业链，产业链通过复杂的技术经济联系往往又会形成一个“环”。与物流园区相关联的产业不仅包括第一产业和第二产业，还包括第三产业的部分部门（如批发零售业、金融及信息服务业等）。从前向关联来看，物流园区与三次产业均存在着直接的关联。从后向关联来看，物流园区主要与第二和第三产业存在直接关联，如装备制造、包装机械、金融和信息服务业等。在环向关联方面，物流园区也与一些产业存在着环向的关系，如装备制造业等，一方面，它们对物流园区的服务形成需求，另一方面，物流园区的基础设施建设也形成了这些产业的需求。

一般来说，当一国或地区的物流园区水平较低时，对物流服务的需求也较少，此时物流园区对于产业结构演变的作用相对较小。随着物流园区发展水平的不断提升，物流园区所提供的物流服务逐渐增加，此时它对其他产业的影响也将逐渐增强。物流园区是物流资源和物流服务功能产业化而形成的一种复合型或聚合型的基础设施平台，它对物流企业及物流资源进行有机整合，使物流服务以一体化的形式呈现，发挥出 1+1>2 的协同功效。

总之，物流园区所提供的物流服务贯穿生产过程的上游、中游和下游环节，与国民经济各部门具有较强的产业关联效应。因此，基于产业关联的视角来研究物流园区规划的问题，有助于区域产业结构的调整与优化升级。

5.1.3　物流园区发展与区域各主要产业的关联效应

物流园区所具有的基础性、服务性和综合性，决定了它的发展将对区域产业结构产生深远影响，这不仅体现在增强农业竞争力、改善工业运行质量和提高服务业经济效益方面，更体现在它对区域产业结构升级的促进方面。有关物流园区对区域产业结构升级的影响在前面章节已有详尽的阐述，本节的研究将集中于物流园区发展与各产业关系的探讨，主要研究内容如图 5–1 所示。

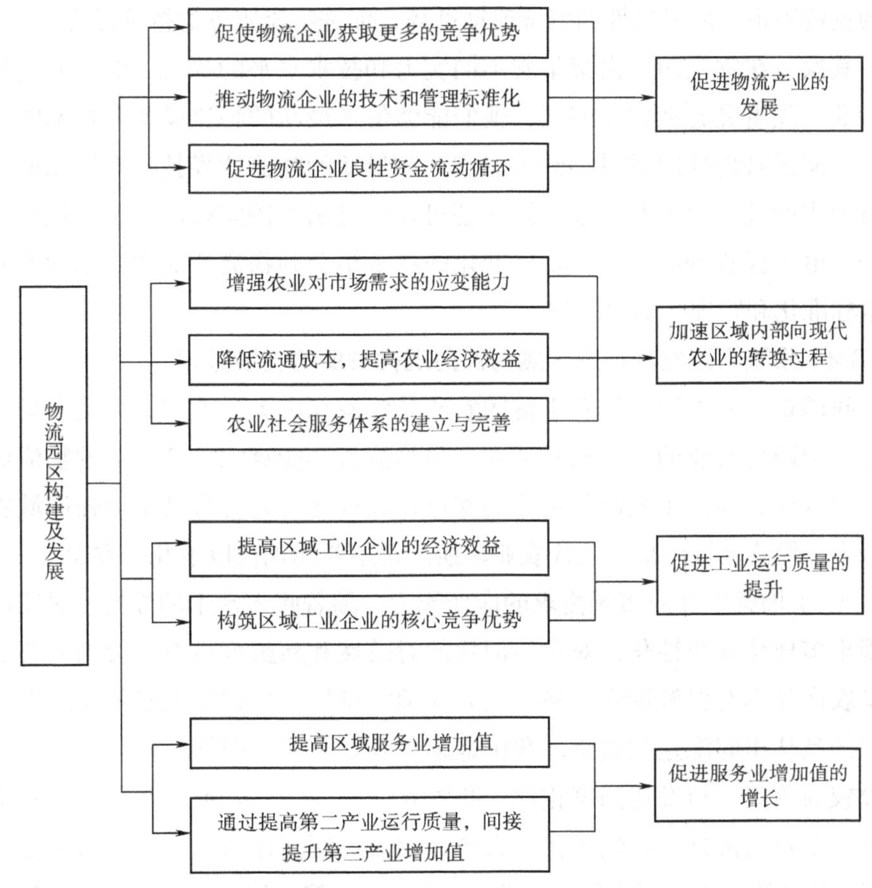

图 5–1　物流园区促进区域各产业发展的分析框架

资料来源：笔者研究整理。

5.1.3.1 物流园区与区域物流产业协同发展

物流园区在聚集众多物流服务提供商的同时，也为物流企业和区域物流产业提供了良好的发展空间。物流园区对物流产业发展的促进作用主要通过资金推动和技术推动来完成。

首先，由于物流园区的建设所需的投资额度巨大，一般的企业没有能力承担，故各国的物流园区建设多以政府投资为主，以信用贷款和企业投资为辅。政府的投资大大减轻了物流企业发展的前期成本投入，物流企业可以将更多的资金投入到核心能力和物流服务的开发之中，从而使企业得到更多的竞争优势来获取更大的收益。此外，物流园区的集聚效应能够为物流企业带来良好的投资回报，形成良性的资金流动循环，促进物流服务的持续提升。

其次，在物流园区内聚集着不同实力和技术水平的物流企业，尤其是一些行业领先者驻扎在物流园区，他们能够带来最新的物流设备和技术的应用经验。园区管理部门通过不断关注和共享最新的物流业界技术发展动向，促进行业内的技术交流和传播。园区还可以通过引入国家标准，统一托盘、条形码、电子标签等的规格，将标准化的技术结合到物流产业中，推动产业的技术标准化和管理标准化进程。

5.1.3.2 物流园区发展加速区域内部向现代农业的转换过程

我国是农业大国，具有丰富的农产品资源和庞大的农产品物流市场，可以说，中国物流业的发展离开了农产品物流就不能算完整意义上的物流业。物流园区作为物流系统高效运作的支撑，其构建与完善有助于增强区域农业竞争力，促使区域内部向现代农业转换。这主要体现在以下几个方面：

（1）增强农业对市场需求的应变能力。随着收入水平的提高，居民消费呈现出多样化和个性化，对食品消费的时效性和新鲜度也有了较高的要求。但是农产品具有保鲜期短、易变质和腐蚀等特性，这就要求必须及时准确地将农产品从田间配送到餐桌。我国运输、仓储、信息网络平台等公共设施的建设较为落后，与发达国家相比，我国农产品流通尚未形成从田间到餐桌的完整的全封闭链条，影响了我国农产品物流的便捷性与速度，所以农业发展对于物流业服务水平提升的要求非常迫切。在物流园区的构建和完善过程中，将对整个供应链的流程加以整合，满足市场对农产品快速配送的需求，增强区域中心城市和边缘地区的农业对市场需求的应变能力，从而促进区域农业竞争力的增强。

（2）降低流通成本，提高农业经济效益。物流园区所提供物流服务的综合性和完整性，能够促进农产品物流的规模化运作，通过降低农产品的流通费用，达到降低农产品价格、增强农产品国内和国际市场竞争能力的目的。这不仅提高了农业的经济效益和农民的收入水平，增强了农村经济发展的势头，同时还可以为农产品顺利打开国际市场提供“绿色通道”，以带动农业的跨越式发展。

（3）促进农业社会服务体系的建立与完善。现代物流技术和服务水平的不断提升，可以促进农业社会服务体系的建立与完善，从而改变农业生产资料和农副产品的传统储运和销售方式。社会分工日益加强是社会化大生产的一大特征，社会经济越发展，专业化水平越高，对市场提供的各种物流服务要求也越高。物流园区的发展，可以促进农业社会服务体系的建立与完善，从而改变农业生产资料和农副产品的传统储运和销售方式，为农业生产进行全方位的服务，提高农产品的市场竞争力。

5.1.3.3　物流园区发展推动制造业竞争力水平不断提高

英国供应链管理专家马丁・克里斯多夫曾经说过，“21世纪不再是企业和企业间的竞争，而是供应链和供应链之间的竞争”。在供应链管理过程中，制造业处于整个供应链的核心地位，后向与原材料供应商相关联，前向与分销商乃至消费者相关联。无论是前向关联还是后向关联，制造业的原材料输入和最终产品的输出都与物流活动密切相关。因此，在完善物流园区的过程中，提供高效的物流活动必然会提升区域第二产业的整体竞争力，具体体现在以下几个方面：

（1）提高区域工业企业的经济效益。物流园区的服务对象主要为生产和销售“货物”的企业。然而，目前我国制造业受传统计划经济体制的影响，大多为“大而全，小而全”的经营组织形式，而且工业领域中采购、制造、运输、仓储和销售等环节彼此分割。这种现状不仅削弱了制造企业对核心生产能力的关注，而且各个企业分散的物流活动不能发挥社会化物流的规模经济优势，提高了制造企业的物流成本，从而削弱了制造企业的产品竞争力。

人类进入21世纪，以信息技术、生物工程等产业为代表的知识密集型产业成为最具发展前景的新兴产业，但是中国制造业在结构上仍以钢铁、化工、机械等劳动密集型为主，这些产业的技术水平低下、产品附加值低、缺乏国际竞争力。物流园区具有全新的组织形式和经营管理理念，在整合传统劳动密集型产业的资源基础上，促使传统产业企业摆脱经济资源分散配置导致的主业不清、核心竞争力缺乏的境况，从而加强社会分工，提高企业的专业化程度和生产效率，提升传统制造产业国际竞争力。

（2）有利于构筑区域工业企业的核心竞争优势。随着对外开放与经济体制改革的不断深化，中国的制造企业面临的国际与国内竞争环境日益恶化，以往“大而全，小而全”的经营模式已经严重阻碍了企业专注于核心业务，使企业在“采购黑洞”和“物流陷阱”中造成巨大的损失和浪费，使得企业物流成本上升，经济效益下降。物流园区的发展，可以为制造企业提供一体化、综合的物流服务，物流企业的空间集聚提升了制造企业获取物流服务的便捷性与信息沟通的有效性。因此，企业可以通过改变运营模式来获得竞争优势，将非核心的物流业务外包，不但能提升对消费者需求的反应速度，还能构筑企业自身的核心竞争优势。

总之，物流园区作为一种先进的组织方式和管理技术，推行供应链管理可以缩短生产者与消费者之间的距离，剥离工业企业的物流职能促使其向专业化、高度化发展，提高区域工业企业的经济效益，实现对消费者需求的快速反应，提升客户满意度和忠诚度，构筑自身独特的核心竞争优势。

5.1.3.4 物流园区发展提升区域服务业的整体水平

从产业形态来看，现代物流业隶属于服务业中的新兴产业，是传统的运输、仓储、通信、商业等产业与新兴的信息技术等产业融合的产物。物流园区作为新型的组织管理形式，是现代物流业发展的基础保障，对于提升服务整体质量水平具有重要的作用，主要体现在以下几个方面：

（1）物流园区的发展能够提高区域服务业增加值。物流园区作为第三产业的重要组成部分，其自身的发展能够带来服务业增加值的提高。首先，物流业的快速发展必须具备配套且发达的金融服务业、国际贸易，以及信息、咨询、法律、财务中介等现代服务业。配套的现代服务业促进了现代物流业的发展，同时，物流业的发展更需要具有完善的交通运输网络，这又通过交通运输业、批发零售业等推动了城市第三产业的良性发展。物流园区的发展可以促使流通部门中的交通和邮电运输、仓储业等行业，以及商业、保险业、旅游业等相关行业得到增长，从而促使第三产业比重增加。其次，通过建设物流园区，使其发挥整体优势和规模效益，促使经济区域物流业形成并向专业化、合理化的方向发展。最后，发达国家的实践表明，现代物流业的发展，推动、促进了当地的经济发展，既解决了当地的就业问题，还进一步带来商流、资金流、信息流、技术流的集聚，以及交通运输业、商贸业、金融业、信息业和旅游业等多种产业的发展，这些产业都是第三产业发展的新的增长点，是第三产业重要的组成部分。

（2）物流园区发展通过提高第二产业运行质量，间接提升第三产业增加值。物流园区的发展，能够降低第二产业中各产业的中间性服务需求成本，从而提升第二产业的经济运行质量，以此间接提高物流服务需求量，最终提升第三产业增加值。对服务业的需求存在着中间需求和最终需求两种类型，简而言之，对服务业的中间需求就是其他产业在生产产品或服务的过程中产生的对服务业的需求。物流园区隶属于服务业，其发展可以降低工业生产过程中的流通成本等中间性服务需求成本，有效提高工业运行质量，增强工业企业竞争力，增加工业企业经济效益，进而提高物流产业对区域经济发展的贡献率。

5.2 物流园区形成与制造业集聚的关联机制

物流园区的规划与构建体现了一个现象，即物流产业的集聚已经越来越明显，关于物流产业集聚的研究不应该继续停留于现象性描述，而应该进一步研究其集聚的内在机制和关联方式等深层次问题。物流园区的形成是内生于区域物流需求的，而物流园区所满足的物流需求多来自制造业。因此，将制造业集聚纳入物流园区规划的过程中是必要的，也是可行的。而且，从空间分布上来看，物流产业聚集的地区往往也是物流需求旺盛的地区，如制造业集聚区等，这也为本节研究双重集聚关系提供了现实依据。

5.2.1 物流园区与制造业集聚的关联机理分析

对于生产性服务业产生与发展的原因，学者已基本达成共识，即生产性服务业作为一个独立产业是从制造业中分离出来的，它的产生与发展是社会分工不断深化的结果。物流园区隶属于物流产业，物流产业又是重要的生产性服务业，是内生于区域各产业的，所以对物流园区产业关联机理的探讨，可以从物流园区与制造业的互动关联关系角度入手，这样的分析也显得更具有现实价值。

5.2.1.1 基于社会分工的关联机理

物流园区作为生产性服务业的组成部分和重要载体，它与制造业的关系源于生产服务外包。根据古典经济学派的分工理论，生产服务外包是分工深化、专业化程度提高的表现，而生产性服务业正是随着社会分工不断深化，制造业交易费用日益降低，逐渐脱离制造业发展起来的。

早在1776年，斯密在《国富论》中指出，劳动分工可以通过增进劳动者熟练程度和节约工种交替的时间来提高劳动生产率，带动相关产业的发展，最后促进社会经济的发展。此外，斯密在《国富论》中将分工分为企业内部分工和企业间的社会分工。企业内部的分工，主要表现在企业内部的工序安排和管理上，会导致其内部新的工种、新的职能部门产生；企业间的社会分工，是将企业某一生产环节分离出去，形成一个新的独立的专业化企业。

物流园区正是企业间的社会分工深化的产物。宏观层面，全球化进程的加快、信息技术的飞速发展使得企业面临的市场竞争更加激烈，为了保持优势地位，企业在生产、经营管理方面亟须变革。微观层面，消费者需求的多样化、产品生命周期的缩短决定了制造企业将优势资源集中在关键业务，将非核心业务（如物流业务）外包给实力较强的专业公司，相应地就出现了专门提供企业生产活动之外的服务活动并逐渐演化为专业的社会服务。可见，分工和专业化促使物流业及物流园区的产生和服务水平的提高，从而提高了制造业企业效率，同时，物流园区的发展又进一步明确了分工的界限，增加了制造业对物流服务的需求程度。

5.2.1.2 基于交易成本视角的关联机理

物流园区与区域制造业的关联机理可以从交易成本视角加以解释。交易成本的概念由科斯在其1960年发表的《社会成本问题》一文中明确提出，后又进一步补充。概述而言，交易成本是获得准确市场信息所需要的费用，以及谈判和经常性契约的费用。交易成本存在的重要原因是交易双方对交易品所拥有的信息数量不对等。

作为经济发展的基础设施，物流园区具有很强的外部经济性，其服务效率的提高能够通过降低市场型交易费用和管理型交易费用达到降低分工成本的目的。分工成本的降低又可以推动分工深化，进而促进物流企业在园区进一步集聚，它通过物流活动组织的空间集聚，实现物流业务的分工运作与集约化经营，形成一种地域生产综合体组织。一旦形成这种组织，将会有更多的物流企业进驻并集聚于物流园区，这些物流企业由于空间的邻近实现了完全的信息交换与良好的沟通，这有助于企业之间建立一种相对稳定的信任关系，提高交易效率，促进制造业和区域经济增长。

5.2.1.3 基于竞争优势视角的关联机理

物流园区与制造业之间的关联机理也可以从获取相对竞争优势的视角加以解释。有效率的企业会将其资源配置到在价值链上具有相对优势的生产活动上，自身不具有相对优势的生产活动被外包出去，这意味着企业在实施保持自身“核心竞争力”即相对竞争优势的策略（Sharpe,1997）。物流园区为制造业提供生产性服务，是连接制造业供应链各个环节的纽带，通过物流业的介入，可以达到优化制造业内部结构、提升产业链整合效率及响应速率、构建产业核心竞争力的重要作用，物流园区是制造业顺利发展的保证。

迈克尔·波特于1985年在其《竞争优势》一书中提出了价值链的概念，他认为企业可以把创造价值的过程分解为一系列互不相同但又相互联系的增值活动，即包括研究开发、设计试制、原材料与设备采购、产品生产、运输、仓储、营销、服务等环节在内的一个完整的链状网络结构。这些活动分为两大类：基本活动和辅助活动。基本活动可划分为五种基本类别，即内部后勤、生产经营、外部后勤、市场营销和服务。辅助活动包括采购管理、技术开发、人力资源以及企业基础设施。随后，波特又在其《竞争战略：工业与竞争者分析技术》一书中对价值链重新进行定义，即一系列连续的价值创造作业，从基本的原材料到供应商，到生产者，直到消费者使用和在运输途中的最终产品。郑吉昌和夏晴（2005）基于波特的价值链理论，对生产性服务业与制造业互动发展的机制进行了描述，他们将企业的生产活动分为上游（产品研发、原材料采购、储运）、中游（生产加工活动）、下游（产品营销和售后管理等活动）三个环节，在这一生产过程中，中游是制造业企业的核心环节，而上游和下游主要是生产性服务业的范畴。随着市场竞争的加剧，企业要获得竞争优势，对生产加工制造环节的依赖越来越小，而生产性服务业活动越来越成为具有战略性意义的环节。物流园区作为物流服务的提供者，为制造业提供了大量专业化服务，尤其是在物流信息服务、作业服务和技术支持等方面能够有利于企业打造自身的竞争优势。

“微笑曲线”也可形象描述物流园区与制造业的紧密关系，并直观地展现出物流园区在制造业竞争优势中所处的地位。“微笑曲线”最初是用来描述 20 世纪 60 年代生产个人计算机的各个工序的附加值特征，因其表示制造工序流程中的附加价值的曲线，就好像微笑的嘴型，所以被称为“微笑曲线”，后来被引申指制造业价值链上的价值分布。它表明在产品的附加价值链中，由研究开发、设计到组装加工制造，以至销售、物流等各项活动，其附加价值曲线形成了两头高、中间低的“微笑曲线”，上游的研发、设计、材料等基本上属于高科技产业，下游的销售、品牌、物流、金融等基本上属于高附加值的服务业。两侧均属于高附加值和高利润的生产性服务业，中间底部则属于劳动密集型的组装加工、制造业务，附加值较低。物流园区作为下游物流服务的提供者，在制造业中处于价值增值最大的部分，随着所提供物流服务的增加，其外溢效应越来越能够促进、刺激制造业的发展与升级。而制造企业产品附加值的提高，必然促进企业经营规模扩大，其对物流服务的需求也会相应增加，专业化及高品质标准要求也会逐步提高，从而进一步促进物流园区的规模发展与服务创新。

5.2.1.4 基于生态群落视角的关联机理

物流园区与制造业均是具有生态智慧的特殊生命体，二者之间不仅存在物流、资金流、信息流和服务流等功能性联结，还存在着“互相学习和借鉴”

或者“共同承担有挑战性的项目”的战略联结。

生态群落（Biocoenosis）是指在特定的时间、特定的空间或生境下，由一定生物种类组成的生物集合体，具有一定外貌结构（包括形态结构和营养结构）和特定的功能，各种生物之间、生物与环境之间彼此影响、相互作用。生态群落的构成具有三个特点：一是生态群落内部存在着复杂联系，群落内的各种生物不是孤立的、偶然散布的，相互之间存在着物质转移和能量循环，具有一定的营养结构和特定组成；二是生态群落具有发展和演变的动态特征，随着时间的推移，生物群落经常改变其外貌，并具有一定的顺序状态；三是群落的总体特征并不是其内部物种特征的简单加总。

将“生态群落”一词引入经济学领域，引申出“经济群落”这一概念，用来描述经济的构成部门所处的位置及其构成部门之间的相互作用很是贴切。经济群落是经济生态系统中一种特定的组织，各种群之间的关系也并非简单地堆砌，而是具有内在联系的。群落内部企业之间及群落与群落之间的协作行为将产生协作效应，其群落的整体价值将大于各个企业价值的简单加总之和。基于生态学的启示，经济群落的组成有：农业群落、工业群落和服务业群落。制造业与生产性服务业分别是工业和服务业的亚群落，而物流园区又隶属于生产性服务业。

制造业亚群落为包含物流园区的生产性服务业提供生存环境：一是生产性服务业内生于制造业，是随着制造业社会分工的逐步深化而衍生出来的；二是制造业亚群落是物流园区的主导消费者，制造业产品的不断升级换代及自身核心竞争力的持续巩固，对物流园区的服务提出了更高的要求，进一步拉动着物流园区的发展。物流园区为制造业亚群落提供着营养：物流园区通过为制造业亚群落提供物流服务来促使制造业提升核心竞争力。总之，制造业拉动物流园区的发展，物流园区推动制造业升级，二者共存共进，互利互惠。

5.2.2 物流园区形成与制造业集聚的关联方式

5.2.2.1 物流园区集聚形成的二重性研究

产业集聚是指在某一区域的特定领域中，大量产业联系密切的企业及其相关支撑机构和关联企业在空间上聚集，并形成强劲、具备持续竞争优势的经济联合体的现象。随着现代物流和区域经济一体化的发展，社会对物流需求量增大，传统的分散于不同经济部门、不同企业甚至企业内部的不同职能部门的物流活动已经不能满足发展的需要，作为第三方物流重要承担者的现代物流企业迅速增多，从而区域物流的产业集群现象逐渐显现，具体表现在以下两个方面：一是多个企业呈现出供应链网络在一定地域空间的集中，它影响了区域物流产业空间的布局，如部分物流园区、物流中心邻近工业区或开发区布局；二是现代物流专业分工越来越细化，由于物流的各个环节的功能差异较大，一家物流企业很难控制所有的物流过程，因此随着物流业的发展，不同物流企业也倾向于进行协作，从而促使企业在空间上集聚。

关于集聚的产业和空间二重性问题，不管是制造业集聚还是物流业集聚均是存在的。也就是说，从产业角度来看，物流产业的集聚或物流园区的形成是多个物流服务企业形成比较明显的集中布局倾向的过程。而基于空间维度，物流产业的集聚或物流园区的服务范围和建设规模是存在边界的。

（1）产业属性。物流业集聚和制造业的集聚相类似，主要范围还是以单个产业为边界。在产业集聚的解释上，产业属性更多地指向市场因素，也就是越接近市场和物流需求产生区的地区越容易形成物流业集聚，而且越靠近市场和物流需求产生的地区越容易产生产业间的溢出效应，从而促进产业集聚。在实践中，由于物流园区的主要服务对象是制造业，因此，物流产业的集聚地区也往往意味着制造业比较发达，制造业对物流需求的带动能力也越强，势必存在较大的市场潜能。此外，除了制造业是影响物流产业集聚的重要因素之外，分工和专业化也是不可缺少的因素。

（2）空间属性。与集聚的产业属性不一样，空间属性主要考虑地理特征对产业集聚的影响，而根据产业集聚理论历史发展过程，对集聚的产业经济边界提出质疑的主要集中在以区位论为代表的区域科学领域，该领域更多地强调地理上的区位优势对于产业集聚的重要性，或者说是产业集聚的“先发优势”和“天然优势”。当然，这里有个关于区位对物流园区的影响问题，即哪种地区更能有效地吸引物流企业的集聚，比如，大量的物流园区或物流中心集聚于港口地区可能是因为制造业集聚需求的逆向传导，或者说，沿海的区位优势只是通过制造业间接作用于物流产业集聚的，所以可以说物流园区的空间属性很大程度上是从属于制造业集聚的空间边界。

5.2.2.2 物流园区与制造业协同集聚的关联理论分析

与制造业的集聚不尽相同，物流业的集聚有其特殊性，这种特殊性体现为物流业集聚区的服务对象是制造业。因此，物流业集聚效应的大小与制造业集聚密不可分，而这种集聚效应主要表现为双向集聚下的互动过程，也就是说，物流业集聚效应应该考虑跨产业问题。制造业集聚的经济边界和空间边界的二维性问题的存在，使得物流业集聚和制造业集聚在产业和空间上的互动成为可能。

（1）产业互动。物流业和制造业协同集聚关系的第一个表现就是产业互动。按照张聪群（2007）的研究，产业之间存在互动的经济基础为分工协作、产业关联、地理邻近和企业共生性。而事实上，前两种因素存在客观上的因果关系，可以视为一种因素，因此，物流业集聚与制造业集聚的产业互动关系可归结为由分工协作而产生的产业关联，或者说，分工成为产业互动的主要动力。

原本属于制造业的物流业，逐步发展，最后形成与制造业集聚相匹配的物流园区，其演变轨迹可解释为产业集聚间的分工，也就是产业从垂直一体化向垂直专业化转型。产业集聚间分工产生的一个重要的节点在于存在较多的中间产品，这使得垂直专业化生产成为可能，尽管大部分研究都集中在制造业领域，但是物流业所提供的物流服务不可否认是制造业生产的中间投入。因此，产业集聚间分工理论也是适用于物流业集聚与制造业集聚之间关系的，而且这种双重集聚也是产业集聚间分工的一种特殊形式。并且，这种互动集聚一般是良性互动，即物流园区和制造业通过互动获得持续、高效和显著的发展，从而形成一个良性循环过程，使二者发展的协调度不断提升。

（2）空间互动。物流园区与制造业集聚之间关系的第二个表现就是空间互动，是指物流园区和制造业基于不同的比较优势，通过要素流动和产业转移，实现在空间上的有机分布。对二者的空间互动可以从以下几个方面进行考虑：

①空间邻近性。空间互动对空间与空间之间的距离有一定的要求，即不能太接近以导致产生挤出效应弱化空间互动效果，也不能太远以导致物流园区与制造业集聚辐射范围的交集趋于零，使得双重集聚的互动性缺失。因此，适宜的空间距离有助于空间互动性的提高。每个产业集聚都有一定的空间涵盖范围，这就涉及集聚区与空间协调问题，目前对这方面的研究已经有一定的进展，如德斯梅特等（Desmet and Fafchamps，2005）研究认为，服务业在距离集聚中心 5~20 公里的范围内拥有较高的集聚度，而制造业在距离集聚中心 20~70 公里的范围内拥有较高的集聚度。由于这些研究都是以微观企业数据为基础的，在目前国内服务业统计数据尚不完整的前提下，难以准确地从数字上回答生产性服务业集聚和制造业集聚的空间边界问题，但可以肯定的是不同产业形态下的空间边界势必存在不同的取值范围，至少我们可以提出这么一个概念性的理念，或者说适宜的空间距离应该能够使双重集聚下的空间辐射范围形成交集。

②低运输成本。产业集聚的空间互动需要的第二个条件是存在较低的运输成本。适宜的空间距离所形成的空间邻近性只是空间互动的必要条件，而非充分条件，并不能保证一定形成空间互动。例如，中国西部地区很多相邻的省份或地区因基础设施不完善而难以形成生产性服务业集聚和制造业集聚在空间上的互动。

产业从垂直一体化到垂直专业化转型的潜在含义是通过产业链上的分工实现产业链在空间上的分异，也就是说不同产业链上的企业根据自身的比较优势通过企业的跨区域转移来实现产业集聚间的分工。根据新经济地理学理论，企业在通过转移实现产业集聚间的分工当中，运输成本是一个重要的参数，只有在较低的运输成本下，企业的垂直专业化生产所产生的收益才能弥补垂直一体化生产所导致的各种费用增加。因此，低运输成本是促进企业垂直专业化生产的动力，也是实现产业空间互动的条件之一。虽然运输费用对物流园区的形成并无太大的作用，但可以通过作用于制造业集聚，促使制造业产业链的转移进而实现二者在空间上的分异，使得空间互动成为可能。

③产业关联性。产业空间互动的第三个条件是存在较强的产业关联性。大量事实表明，在保证空间邻近性和低运输成本的前提下，产业的空间互动

性也可能存在一定的障碍，一个显著的例子是在中国东部地区前两个假设条件是成立的，但在目前以国内生产总值为主的政绩评价指标中，地方政府间还是会选择发展相同产业来增加自身晋级的政治资本和筹码，这种行为的副产品就是导致地区间存在一定的产业同构现象，从而弱化了产业空间互动的效果。因此，保证空间存在较强产业关联性中暗含的政策导向和建议，就是完善政府间的协作机制，通过有效的制度创新避免地区之间产业的过度竞争。所以说，从产业空间互动的三个条件来看，空间邻近性是必要条件，低运输成本是实现空间互动的内在动力，而产业关联性则是空间互动的保证。

5.3　本章小结

本章重点研究物流园区与区域各产业，尤其是制造业的关联与互动机制。首先，在物流园区产业关联效应分析的基础上，分别探讨了物流园区发展促进物流产业以及第一、第二、第三产业发展的作用方式。其次，本书将制造业集聚纳入物流园区规划的分析过程，从社会分工视角、交易成本视角、竞争优势视角和生态群落视角探讨了物流园区与区域制造业的关联与互动机理，并进一步以产业属性和空间属性的交互关系为切入点，从产业互动和空间互动（空间互动的条件主要包括空间邻近性、低运输成本和产业关联性）两大方面探讨了物流园区形成与制造业集聚之间的关联机理。本章的研究为基于产业关联视角研究物流园区的空间布局和选址等问题提供了重要的理论支撑。

6 区域物流园区规划框架与方法体系

本书前面章节从区域经济增长、区域空间结构和产业关联三个维度系统分析了物流园区与区域经济发展的关联机制与作用机理。根据这一理论框架，本章将构建基于经济发展的物流园区规划框架与方法体系，为区域物流园区规划与布局提供指导和决策支持。

6.1 区域物流园区规划的基本描述

6.1.1 物流园区规划的原则

尽管区域内不同城市或地区的发展水平参差不齐，客观情况千差万别，但是，物流产业有其内在的发展规律，因而，在区域物流园区规划布局过程中，应该结合区域经济发展的总体要求，以市场为导向，以物流需求为依托，最大限度地降低全社会物流成本、提高物流效率。在区域物流节点空间布局过程中，应该遵循以下基本原则。

6.1.1.1 与区域物流规划及区域总体规划一致

区域都有自己的区位优势，而区域内各种经济活动对区位均有特殊的要求，区域总体规划是对区域空间结构发展的总体控制，区域物流规划必须与区域总体规划相适应。区域物流园区规划布局作为区域物流规划的一项重要内容，必须与区域发展总体规划相协调，与区域内各城市的用地规划和产业布局规划相一致，同时还要与区域内各城市其他系统规划，如区域流通业规划、区域交通规划等专项规划相协调，促进区域整体的发展。同时，区域物流园区作为区域物流系统的重要支撑及组成部分，必须与区域物流系统规划相适应。此外，区域内各物流园区城市也必须互相协调，才能促进区域物流系统的高效运作，达到降低社会物流成本、提高区域物流运作水平及效率，进而促进区域物流及区域经济进步与发展的目的。

6.1.1.2　整合各种物流资源，实现物流园区之间的合理分工

物流产业的一个重要特点就是它通过对各种物流要素的优化组合和合理配置，实现物流活动效率的提高和社会物流总成本的降低。当物流资源分散在不同企业或不同部门时，各种物流要素很难充分发挥其应有的作用。随着物流活动从生产和流通领域中分化出来，各种物流要素逐渐成为市场资源，专业化物流企业可以根据各种物流活动的要求，在全社会范围对各种物流要素进行整体的优化组合和合理配置，从而最大限度地发挥各种物流要素的作用，提高全社会物流效率。在区域物流节点体系中各物流园区承担的职能不同，规模和类型也各有差异，同时各物流园区合理分工、有机衔接才能发挥物流节点体系的最大功能、降低物流成本、提高物流效率。物流园区规划布局的不合理可能会造成物流停滞、货物商品损耗、物流成本增加，甚至会造成交通堵塞、加大社会经济成本等。

6.1.1.3　物流园区区位选择的经济合理性

（1）考虑交通便利性。物流园区是连接物流线路的交汇点，因此，必须设在交通便利之处，最好能实现两种及两种以上运输方式的对接。应该充分利用现有及未来的交通基础设施，在高速公路出入口、铁路货运站、机场附近设置物流园区，一方面降低物流园区的建设成本，另一方面使得物流园区、物流线路的衔接更为通畅，从而保证“货畅其流”。

（2）区域物流园区的布局应考虑区域产业结构及空间布局，考虑区域资源及相关产业的分布，满足区域物流需求。尽量利用现有交通与物流设施降低物流园区体系布局建设费用，考虑建设多种交通方式的枢纽点，实现多式联运。

（3）考虑经济合理性。物流园区虽然具有一定的社会公益性，但同时也具有营利性。因此，物流园区的规划布局必须符合经济合理性原则，包括低地价、充足且素质高的劳动力等，从而为物流园区中的企业获得必要利益创造条件。物流园区的选址和用地规模的确定，以物流现状分析和预测为依据，尽量利用已有的批发市场用地、仓储用地及交通设施，综合考虑影响物流企业布局的各种因素，选择最佳的物流园区布局场地和用地规模。

6.1.2 区域物流园区规划的主体

物流园区规划的主体主要是指拥有某些物流园区生产要素的所有权和使用权，能够决定生产要素配置地点及组合方式的组织或个人，是承担物流园区布局规划工作的责任方和执行者。目前，物流园区的开发建设方式主要有政府规划、工业地产商主导，政府规划、企业主导，以及企业自主开发三种方式，可见政府和企业是物流园区规划的双重主体。

在我国，物流园区的规划与构建还不能完全依靠市场推进和企业主导，更多地要依赖于政府的参与和推动，这主要是由我国的经济和物流现状决定的。首先，我国由于受长期计划经济的影响，物流市场比较薄弱，缺乏大型的、成规模的专业化物流企业，同时物流资源大多分散在各部门，部门间目前还缺乏协调机制，在资源的市场整合方面也存在障碍，因此在我国物流发展的过程中，还不能完全靠市场推进，而应该注重政府对现代物流发展的规划、调控及推动作用。其次，现阶段我国物流园区的发展还处于初期阶段，空间结构调整尚未理顺，因此，政府的作用尤为突出。再次，物流园区作为一种社会公共基础设施，投资巨大、回收周期长，且在消费上具有排他性，地理上具有网络性，经济上具有外部性，这些特性都决定了在大多数情况下，物流园区的建设应该由政府部门来提供。最后，物流园区的建设是一项系统工程，需要辅以配套的基础设施建设、土地政策、财税减免和贷款优惠等一系列优惠扶持政策，这些都不是依靠某个行业或组织的力量能独立完成的，这里虽然有市场的因素，但是物流园区的规划与建设依然要依靠政府的支持和引导。

综合上述分析，在区域物流系统和物流园区规划过程中，我国政府部门应该作为规划的主体，在采取政府推动的基础上，结合市场导向、企业主导的模式，通过协调区域物流各相关部门之间的利益、整合物流产业相关资源，实现在宏观上对物流园区的规划与物流产业的发展做出指导。

6.1.3 区域物流园区规划的总体思路

本书物流园区规划的直接目的是确定不同等级物流园区的区位特性及其结构比例、协调各级物流园区在空间上的合理分布，实现物流节点资源在空间上的优化配置，最终目的是通过物流园区空间布局的优化，提高物流节点系统运行效率，降低物流运作成本，缓解来自环境污染、能源消耗方面的压力，进而为经济社会的协调、可持续发展提供必要的基础性保障条件。

通过第 3 章的分析可知，物流园区与区域经济增长存在着关联关系，第 4 章的分析又刻画了物流园区与空间结构演变的关联机制，第 5 章的分析验证了物流园区与区域制造业的关联机理，本节在前述分析的基础上，致力于探索由经济联系衍生的区域物流园区规划问题，提出以通过合理配置物流园区促进物流节点系统优化和物流业的发展、促进物流企业间的联合与协作为目标的，带动区域经济发展的区域物流园区规划总体思路，如图 6–1 所示。

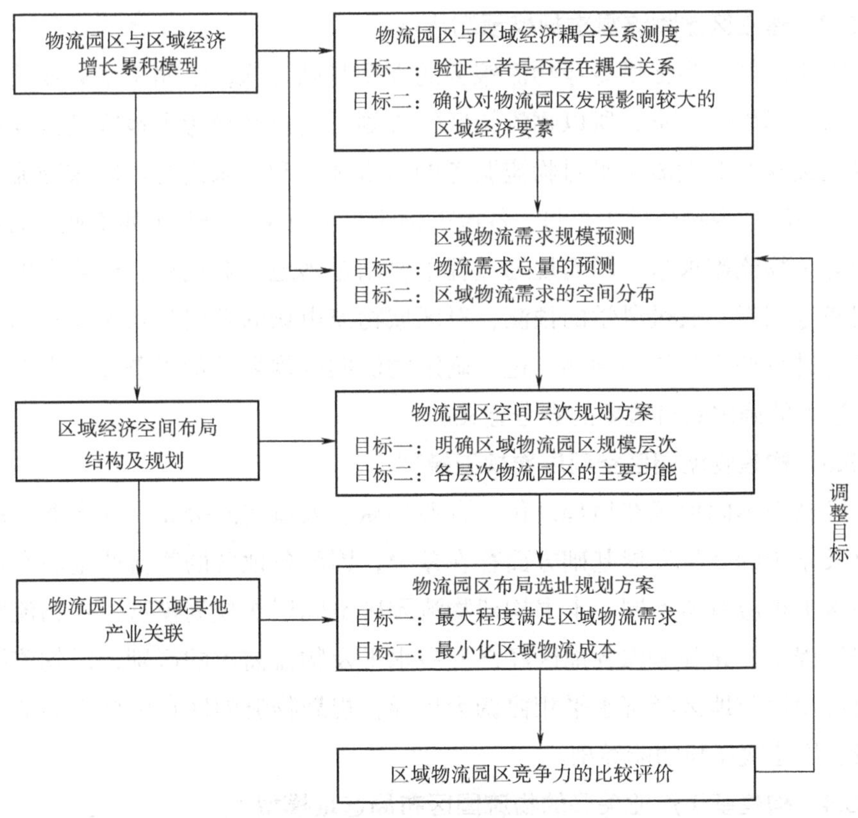

图 6–1　基于经济发展关联的区域物流园区规划思路

资料来源：笔者研究整理。

区域物流园区规划的总体思路可以分为四个层次。

6.1.3.1 建立物流园区与区域经济增长关系的耦合测度模型

物流园区的一个主要特征是其派生性，即物流园区作为社会经济和物流业发展到一定阶段的产物，不能独立于社会经济活动而存在。物流园区与区域经济的累积增长在前面已有所论述，而物流园区与区域经济增长关系的耦合测度是指通过建立模型对现有物流园区规模与区域经济发展的关联度进行分析，从动态的角度研究物流园区规模与区域经济发展协调发展的趋势，以期在定量验证二者耦合发展关系基础上，进一步确定物流园区与区域经济发展各衡量指标的关联度差异，为后期基于区域经济水平对区域物流需求量进行预测提供合理的指标体系。

6.1.3.2 建立区域物流需求规模预测模型

物流园区作为提供专业物流服务的大型基础设施，隶属于服务业且区域物流需求属引致需求，所以物流园区的规划与建设必须考虑地区经济发展水平以及关联产业发展水平对物流服务的需求规模和需求内容。区域物流需求规模是指区域内物流需求总量、各城市物流需求总量及分类（如工业、商业、外贸等）物流需求量，因而规划过程中要结合当地产业定位、产业发展需求及规模等因素，通过科学的预测，对区域物流市场的发展和物流需求的走势等情况进行调查分析与预测，这是确定物流园区规划的前提条件，也对物流园区选址的确定具有重要的参考意义。

6.1.3.3 构建物流园区空间层次规划模型

区域内不同地区在地理区位、资源禀赋、人口空间分布、各产业空间布局以及累积的经济发展基础方面存在差异，因而各地区的物流业空间布局和发展水平也应有所不同。本书构建物流园区空间层次规划模型，在物流园区规划过程中，充分考虑各地区经济发展水平及物流需求的区别，以物流园区的建设规模与地区经济水平相协调为指导，规划物流园区在区域空间的规模等级、构建次序与功能类型。

6.1.3.4 构建基于产业关联的物流园区布局选址模型

物流园区的布局选址是规划的重要步骤，主要包括园区数量与位置分布，即在一个具有若干需求点的经济区域内选择一个或若干个地址设置物流园区，这直接影响到物流系统的服务成本及服务范围，因此是区域物流系统规划中的重要环节。此外，物流园区作为物流产业的重要支撑，所提供的物流服务贯穿生产过程的上游、中游和下游各个环节，与国民经济各部门具有较强的产业关联效应。因此，基于产业关联的视角来探讨物流园区选址规划问题，有助于区域产业结构的调整与优化升级。

6.2 区域物流园区规划的方法体系

6.2.1 物流园区与区域经济增长关系耦合测度模型

区域经济与物流园区体系耦合发展是一个系统工程，仅从定性方面去理解区域经济与物流节点体系耦合发展的内涵，往往不够全面和客观，也不利于指导和完善区域物流节点体系。为此，我们需要从定量方面对某一特定区域的经济发展水平与物流园区体系的耦合状况和协调程度进行判断，而定量判断的工具就是构建起区域经济与物流园区耦合发展定量测度的评价模型。

6.2.1.1 物流园区与区域经济耦合发展评价方法的选取

协调是指两个或两个以上的系统或系统要素之间的一种良性的互动关系，是系统之间或系统要素之间配合得当、和谐一致、良性循环的关系。协调度是对系统内部各要素或各子系统之间在发展过程中彼此和谐一致程度的一种度量，反映系统由无序走向有序的趋势。本书中，我们根据区域经济与物流节点体系耦合发展的内涵，在构建出区域经济与物流节点体系耦合发展评价指标体系的基础上，选用协调度评价模型对区域经济和物流节点体系的耦合发展进行定量分析。

国内外研究中，测试协调度的方法主要有四类：耦合协调度模型、熵变方程法、区间值判断法和灰色关联模型。其中，灰色关联模型是根据因素之间发展态势的相似或相异程度来衡量因素间关联的程度，揭示事物动态关联的特征和程度。灰色关联度分析的最大优点是对数据量没有太高的要求，也不需要数据有典型的分布规律。考虑到我国物流业起步较晚，统计数据缺乏、衡量物流节点体系规模的因素较多、理论不完整等，且物流发展中所采取的多为近几年的小样本数据，这种小样本数据反映的信息不确切、不全面，具有灰色性，本书拟采用灰色关联模型，计算物流节点体系规模各衡量指标与区域经济发展水平各衡量指标的关联程度，在此基础上，计算对某一系统影响的主要胁迫因素，以及两个系统协调发展程度的变化趋势，这是其他方法无法达到的。

6.2.1.2 物流园区与区域经济发展关联度计算过程

物流园区与区域经济发展关联度计算过程如下：

（1）确定比较数列（评价对象）和参考数列（评价标准）。本书中物流园区规模各衡量指标对应比较数列，为 $X_{i(t)}$ 序列，区域经济发展水平各衡量指标对应参考数列，为 $Y_{i(t)}$ 序列，i 和 j 分别表示比较数列和参考数列的某指标，t 表示各指标的不同时期或不同年份。

（2）指标无量纲化处理。由于各指标的原始数据量纲不同，为了能够进行时空比较，在进行关联分析之前，一般先对数据进行无量纲化处理，转换为可比较的数据序列。本书采取标准化变换对原始数据进行处理。

（3）应用邓氏关联度计算关联系数 $\xi_{i(j)(t)}$：

$$\xi_{i(j)(t)}=\frac{\min_{i}\min_{j}\left|Z_{i\ (t)}^{X}-Z_{j\ (t)}^{Y}\right|+\rho\max_{i}\max_{j}\left|Z_{i\ (t)}^{X}-Z_{j\ (t)}^{Y}\right|}{\left|Z_{i\ (t)}^{X}-Z_{j\ (t)}^{Y}\right|+\rho\max_{i}\max_{j}\left|Z_{i\ (t)}^{X}-Z_{j\ (t)}^{Y}\right|} \tag{6.1}$$

式中，$Z_{i(t)}^{X}$ 和 $Z_{j(t)}^{Y}$ 分别表示 t 时刻比较数列各衡量指标与参考数列各衡量指标的标准化值；ρ 为标准化系数，它不仅可以调节 $\xi_{i(j)(t)}$ 的大小，而且可以控制关联系数的变化区间，根据经验，ρ 一般取值为 0.5；$\left|Z_{i(t)}^{X}-Z_{j(t)}^{Y}\right|$ 表示比较数列与参考数列在 t 时刻的绝对差；$\min_{i}\min_{j}\left|Z_{i\ (t)}^{X}-Z_{j\ (t)}^{Y}\right|$ 和 $\max_{i}\max_{j}\left|Z_{i\ (t)}^{X}-Z_{j\ (t)}^{Y}\right|$ 分别表示最小绝对差值和最大绝对差值；$\xi_{i(j)(t)}$ 表示 t 时刻的关联系数，其值越大，表明在 t 时刻比较数列与参考数列的关联性越强。

（4）计算关联矩阵。将关联系数按样本数求平均值可以得到一个关联度矩阵 γ，它反映了物流园区体系规模与区域经济的耦合作用的错综关系。通过

各个关联度 γ_{ij} 的大小，可以分析出区域经济中哪些因素与物流节点体系关系密切，哪些对物流节点体系影响作用不大。

$$\gamma_{ij}=\frac{1}{N}\sum_{i=1}^{n}\xi_{i(j)(t)} \tag{6.2}$$

公式(6.2)中，$0\leqslant\gamma_{ij}\leqslant 1$，其值越大，说明 X_i 与 Y_j 关联性越强，详见表6–1。

表 6–1 关联程度判断

γ_{ij} 的范围	$0\leqslant\gamma_{ij}\leqslant 0.35$	$0.35<\gamma_{ij}\leqslant 0.65$	$0.65<\gamma_{ij}\leqslant 0.85$	$0.85<\gamma_{ij}\leqslant 1$
关联程度	较弱	中等	较强	极强

资料来源：本书根据相关研究整理。

6.2.1.3 物流园区与区域经济发展水平协调度计算过程

为了从整体上判别二者之间协调程度的大小，可以进一步构造物流园区规模与区域经济发展水平相互关联的协调度模型，从而定量判定两个系统耦合的协调程度。

物流园区与区域经济发展水平各有很多衡量指标，各指标的贡献不同，在进行协调度分析时，不能简单地如公式（6.2）一样将关联系数求平均值，本书提出了一种熵权—灰色关联分析相结合的方法，首先采用熵权法确定物流园区与区域经济发展水平各衡量指标的权重，然后根据灰色关联模型对各年度的物流园区与区域经济发展水平进行优劣评价，最后构建协调度函数，对物流园区与区域经济发展水平的协调发展度进行分析。

（1）熵值法确定经济发展水平、物流园区各影响指标比重。

用矩阵表示物流园区规模比较数列：

$$A=\begin{bmatrix} x_{11} & x_{12} & \cdots & x_{1n} \\ x_{21} & x_{22} & \cdots & x_{2n} \\ \vdots & \vdots & & \vdots \\ x_{m1} & x_{m2} & \cdots & x_{mn} \end{bmatrix}$$

x_{ij} 表示第 i 个评价对象（在此处，表示第 i 年）的第 j 个评价指标的值，i=1,⋯，m，j=1,⋯，n。用

$$p_{ij} = \frac{x_{ij}}{\sum_{i=1}^{m} x_{ij}} \tag{6.3}$$

表示第 j 个评价指标下，第 i 个评价对象的贡献度。

进一步可以用以下公式表示所有评价对象对第 j 个评价指标的贡献总量；

$$E_j = -\mathrm{K}\sum_{i=1}^{m} p_{ij} \ln p_{ij} \tag{6.4}$$

其中，常数 K 可以取为 $\mathrm{K}=1/\ln m$，这样就能保证 $0 \leqslant E_j \leqslant 1$。

各评价指标的权重可用以下公式表示：

$$w_j = \frac{1-E_j}{\sum_{j=1}^{n}\left(1-E_j\right)} \tag{6.5}$$

注意：当 E_j=1 时，第 j 个评价指标可以剔除，其权重等于零。

（2）通过灰色加权关联度对物流园区规模、区域经济发展水平进行评价。仍以物流园区体系为例，计算其整体发展水平的变化趋势，首先要确定参考数列，这里的参考数列各项元素是物流园区规模各衡量指标历年数据的最佳值，即当指标数据为效益类数据时，该指标所对应的参考数列数据取该指标各年数据的极大值，而当指标数据为成本类数据时，该指标所对应的参考数列数据取该指标各年数据中的极小值。然后根据公式（6.1）计算各年的物流园区规模与参考数列之间的关联系数，在此基础上，计算物流园区规模各年指标相对于理想指标（参考数列）的灰色加权关联度：

$$r_i = \frac{1}{n}\sum_{j=1}^{m} w_j \varepsilon_{ij} \tag{6.6}$$

式中，r_i 为第 i 个评价对象（第 i 年物流节点体系规模）对理想对象的灰色加权关联度，即物流园区规模第 i 年水平相对于理想水平的关联度。

区域经济发展各年水平计算方法同上。

（3）协调度计算。协调度是反映可持续发展系统的有序性和整体均衡的指标，大概可分为距离协调度和变化协调度两种。距离协调度是通过测量系统之间的距离来判断系统之间是否协调的。变化协调度是测量系统之间的相对变化程度，并以各子系统动态变化的一致程度来判断系统的协调性。变化协调度更加强调系统的动态协调，它可以通过距离协调度计算获得。

本书以距离协调度和变化协调度为基础来构建物流园区规模与区域经济发展水平的协调度模型，用以评价物流园区规模与经济发展在某个时点和时段内的协调性。

距离协调度计算公式为：

$$C_{(t)}=\frac{f(I,t)\times f(E\ t)}{\left[\frac{f(I,t)+f(E,t)}{2}\right]^{2}} \tag{6.7}$$

式中，$f(I,t)$ 表示物流节点体系在 t 时刻的规模，同期的区域经济发展水平用 $f(E,t)$ 表示，两者之间的离差越小，说明协调程度越高。

距离协调度反映了物流网络与区域经济在发展过程中的彼此和谐一致，却不能反映物流园区规模和经济发展水平从小到大的发展过程。因此，本书引入变化协调度来评价物流园区规模与区域经济发展水平的协调程度以及物流园区规模的大小与经济发展水平的高低，其计算公式为：

$$CD(t)=C(t)\times F(t) \tag{6.8}$$

其中

$$F(t)=\frac{\left[f(I,t)+f(E,t)\right]}{2}$$

通过上述模型研究，我们可以进行物流园区总规模与经济发展水平关联性的分析，并研究物流园区规模各衡量指标与经济发展水平各衡量指标关联度的强弱，以期为接下来区域物流需求量的预测提供理论依据。此外，我们还可以进行物流园区与区域经济发展水平协调性的评价，以期为物流园区规划提供背景依据。

6.2.2　区域物流需求规模预测模型

区域物流需求量是由物流作业活动需求的各环节的作业量组成的，在现有社会统计指标体系下由各物流环节的作业量来计算物流需求量不具有操作性。鉴于物流需求指标与区域经济指标之间存在一定的关联性，而系统中各指标的统计数据又存在较多波动，可将其当作灰数来处理，本书将借助灰色理论，基于区域经济指标的趋势分析来预测物流需求指标的变动。

6.2.2.1 区域物流需求总量及空间分布预测的步骤

基于物流需求与区域经济的关联性，本书尝试依据物流需求指标和物流需求构成指标[①]的历史数据，测算出区域内各节点城市的物流需求关联度向量。由于各指标的历史数据是波动变化的，所以拟合出的关联度是一种平均变化趋势，根据这种变化趋势，可以预测未来某年的关联度数值。然后根据相关历史数据预测未来某年区域各节点城市物流需求构成指标的数值。最后，将预测的关联度数值与物流需求构成指标数值相结合，即可得到未来某年区域各节点城市物流需求规模和空间分布状况，详见图 6–2。

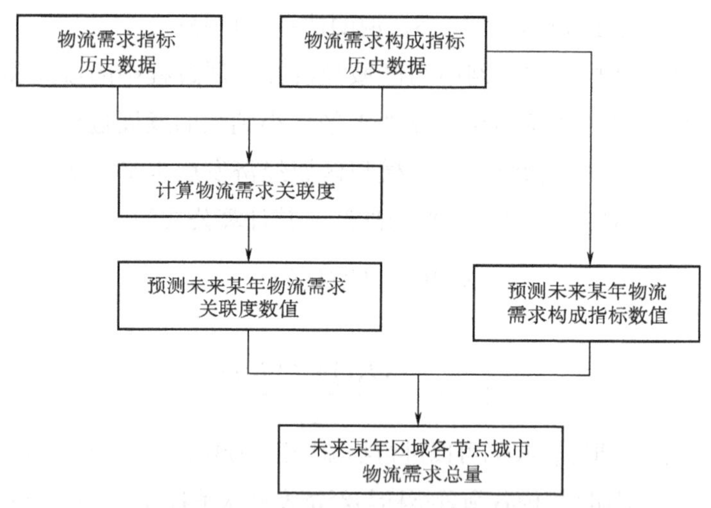

图 6–2 区域物流需求预测的思路

资料来源：笔者研究整理。

6.2.2.2 区域物流需求量与区域经济指标的关联度分析

设直接反映区域各节点城市物流需求的某一指标，如全社会货运量，为灰色系统的特征数据序列 X_0（母因素时间数列），物流需求构成的相应经济指标为相关因素数据序列 X_i（i=1,2,⋯, m）（子因素时间数列）。由于各城市

① 本书中，物流需求构成指标是指构成物流需求的区域经济指标。

功能、性质有所差异，区域不同节点城市的物流需求相关指标与物流需求特征指标的关联度也不一定完全相同，故要分别计算不同节点城市的关联度。

系统的特征序列：

$$X_0=[x_0(1),x_0(2),...,x_0(n)]$$

相关因素指标序列值：

$$X_i=[x_i(1),x_i(2),...,x_i(n)]$$

序列的灰色零化像：

$$X_iD=[x_i(1)d,x_i(2)d,...,x_i(n)d]$$

记为

$$X_i^0=[x_i^0(1),x_i^0(2),...,x_i^0(n)]$$

其中

$$x_i(k)d=x_i(k)-x_i(1),k=1,2,\cdots,n$$

X_0 与 X_i 长度相同，故 X_0 与 X_i 的灰色绝对关联度为：

$$\phi_{0i}=\frac{1+|S_0|+|S_i|}{1+|S_0|+|S_i|+|S_i-S_0|} \tag{6.9}$$

其中

$$S_0=\left|\sum_{k=2}^{n-1}x_0^0(k)+\frac{1}{2}x_0^0(n)\right|$$

$$S_i=\left|\sum_{k=2}^{n-1}x_i^0(k)+\frac{1}{2}x_i^0(n)\right|$$

$$|S_i-S_0|=\left|\sum_{k=2}^{n-1}[x_i^0(k)-x_0^0(k)]+\frac{1}{2}[x_i^0(n)-x_0^0(n)]\right|$$

称 φ_{0i} 为第 i 个相关因素指标的关联度。

由公式（6.9）计算出关联度 φ_{0i}，其值介于 0 和 1 之间，X_i 和 X_0 在几何上相似程度越大，它们之间的关联度越大，φ_{0i} 值也就越大。

若区域存在 G 个节点城市形成的包含有 m 个物流需求构成指标的物流需

求系统，选取预测期内的物流需求特征指标和相关因素指标，通过上述灰色关联度分析方法计算，即可得到 G 个城市 m 个物流需求构成指标的关联度。

6.2.2.3 区域内节点城市的关联量分析

定义

$$z_j^k = \sum_{i=1}^{m} \phi_{ij} \left(x_{ji} \right)^k \tag{6.10}$$

为第 k 个观测年度节点城市 j 的物流需求关联量，$j=1,2,\cdots,G$；$i=1,2,\cdots,m$。

式中：φ_{0i} 表示节点城市 j 第 i 个指标的物流需求关联度；$\left(x_{ji}{}^k\right)$ 表示第 k 个观测年度节点城市 j 第 i 个相关因素指标值。

区域内第 k 个观测年度 G 个节点城市的 $\left(x_{ji}{}^k\right)$ 可表示为矩阵向量 B^k：

$$B^k = \begin{bmatrix} (x_{11})^k & (x_{12})^k & \cdots & (x_{1i})^k & \cdots & (x_{1m})^k \\ (x_{21})^k & (x_{22})^k & \cdots & (x_{2i})^k & \cdots & (x_{2m})^k \\ \vdots & \vdots & & \vdots & & \vdots \\ (x_{j1})^k & (x_{j2})^k & \cdots & (x_{ji})^k & \cdots & (x_{jm})^k \\ \vdots & \vdots & & \vdots & & \vdots \end{bmatrix}$$

区域内第 k 个预测年度 G 个节点城市的 φ_{ji} 可表示为矩阵向量 A：

$$A = \begin{bmatrix} \phi_{11} & \phi_{12} & \cdots & \phi_{1i} & \cdots & \phi_{1m} \\ \phi_{21} & \phi_{22} & \cdots & \phi_{2i} & \cdots & \phi_{2m} \\ \vdots & \vdots & & \vdots & & \vdots \\ \phi_{i1} & \phi_{i2} & \cdots & \phi_{ii} & \cdots & \phi_{im} \\ \vdots & \vdots & & \vdots & & \vdots \\ \phi_{G1} & \phi_{G2} & \cdots & \phi_{Gi} & \cdots & \phi_{Gm} \end{bmatrix}$$

根据公式（6.10），区域内第 k 个观测年度 G 个节点城市的物流需求关联向量 Z^k 即为：

$$\left(Z^k\right)^T = \sum_{j=1}^{G} \left\{ \varepsilon_j \times \left[A \times \left(B^I\right)^T \right] \times \varepsilon_J^T \right\} \varepsilon_j \tag{6.11}$$

式中，ε_1，ε_2，…，ε_G 是 G 维实向量集 RG 的标准正交基。

通过上述两个步骤的分析，就可依据历史数据测算出区域内各节点城市各历史年份的物流需求关联度。接下来，就可根据各历史年份物流需求关联度的走势来预测未来某年的物流需求关联数值。与根据历年数据预测得出的未来某年的物流需求构成指标数据相结合，就可估测未来某年区域各节点城市的物流需求量，进而可明确区域物流需求总量及空间分布概况。

6.2.3　物流园区空间层次规划模型

6.2.3.1　区域物流园区空间层次规划方法的选择

物流园区层次划分的主要思想是选取能够反映物流园区所代表的地区的社会经济、政治等宏观因素发展水平的指标，依据“功能相似”的原则将入选物流园区划分为具有不同功能和地位的几个层次。一般情况下，可以根据需要将节点划分为三个层次，即重要节点层次、较重要节点层次和一般节点层次，对应于本书采用的国际枢纽型物流园区、区域集散型物流园区、地区配送型物流园区三级层次体系。

目前，对物流园区宏观层次布局的研究多采用聚类分析的方法。张晓东将模糊数学应用到物流园区的宏观选址中，用模糊聚类法对我国物流园区宏观布局进行了深入研究。毛薇采用系统聚类方法对吉林省各地区物流业发展的相关指标进行了聚类，为各地区分期建设物流园区的动态实施序列提供了科学依据。朱庆伟采用模糊聚类分析方法对东北地区 40 个地级市进行节点体系布局层次分析。朱晓兰运用模糊聚类方法，对建设海峡西岸物流园区网络项目进行了实证分析。

从本质上来看，物流园区的层次划分是定性分析与定量分析的结合，其分类指标既有定量评价指标也有定性评价指标，同时，物流园区的层次划分也是一个典型的涉及多因素的综合分类评价问题。基于物流园区层次分类的上述特点，本书拟采用聚类分析方法。

聚类分析是研究多要素事物分类问题的数量方法，通常分为 Q 型聚类和 R 型聚类，其中，Q 型聚类是对样品进行分类处理，R 型聚类是对变量进行分类处理。聚类分析的基本思想是根据样品（变量）自身的属性，用数学方法按照某种相似性或差异性指标，定量地确定样品（变量）之间的相似程度。

按相似程度的大小，将样品（变量）逐一归类，关系密切的类聚集到一个小的分类单位，然后逐步扩大，使得关系疏远的聚合到一个更大的分类单位，直到所有样品（变量）都聚集完毕，形成一个表示亲疏关系的谱系图。聚类分析的方法很多，如谱系聚类法、快速聚类法、系统聚类法、模糊聚类法等，其基本原则都是同一类的个体有较大的相似性，不同类的个体差异较大。

6.2.3.2 基于样品聚类分析的步骤

聚类分析是根据对象间的相关程度进行类别的聚合，系统聚类法是目前应用最多的一种聚类方法，本书也将应用该方法对物流园区的层次进行划分。由于本书的目的是划分出物流园区所在城市的不同等级，故属于对样品的聚类。

假设总共有 N 个节点城市（样品），采用系统聚类方法对物流园区层次进行分类的过程如下：第一步，将每个节点城市独自聚成一类，共有 N 类；第二步，根据所确定的样品“距离”公式，把距离较近的两个节点城市聚合为一类，其他节点城市仍各自聚为一类，共聚成 N–1 类；第三步，将“距离”最近的两个类进一步聚成一类，共聚成 N–2 类……以上步骤一直进行到将所有样品聚成一类。为了直观地反映以上系统聚类过程，可以把整个分类系统地画成一张谱系图。

在进行系统聚类之前，我们首先要定义类与类之间的距离，由类间距离定义的不同产生不同的系统聚类方法。常用的类间距离定义有 8 种之多，与之相应的系统聚类法也有 8 种，分别为最短距离法、最长距离法、中间距离法、重心法、类平均法、可变类平均法、可变法和离差平方和法。它们的归类步骤基本上是一致的，主要差异是类间距离的计算方法不同。这里以最短距离法为例介绍系统聚类的步骤。以下用 d_{ij} 表示样品 X_i 与 X_j 之间的距离，D_{ij} 表示类 G_i 与类 G_j 之间的距离。

定义类 G_i 与类 G_j 之间的距离为两类最近样品的距离，即为：

$$D_{ij} = \min_{X_i \in G_i, X_j \in G_j} d_{ij} \tag{6.12}$$

设类 G_i 与类 G_j 合并成一个新类记为 G_r，则任一类 G_k 与 G_r 的距离为

$$D_{kr} = \min_{X_i \in G_k, X_j \in G_r} d_{ij} = \min\left\{ \min_{X_i \in G_k, X_j \in G_p} d_{ij}, \min_{X_i \in G_k, X_j \in G_q} d_{ij} \right\} = \min\left\{D_{kp}, D_{kq}\right\} \tag{6.13}$$

用最短距离法进行聚类分析的步骤如下：

第一，数据标准化，由于样品中各变量指标的量纲不同，比如国内生产总值的单位为万元、货运总量的单位为万吨。变量在数量级和计量单位上的差别，使得各个变量之间不具有综合性，此时就必须采用某种方法对各变量数值进行标准化处理，或者叫作无量纲化处理。

数据标准化的方法有很多种，本书中采用标准化方法，即每一变量值与其平均值之差除以该变量的标准差。无量纲化处理后各变量的平均值为 0，标准差为 1，从而消除了变量之间量纲和数量级的影响。

第二，定义样品之间距离，计算样品的两两距离，得一距离阵记为 $D_{(0)}$，开始每个样品自成一类，此时 $D_{(0)}=d_{ij}$。

第三，找出距离最小元素，设为 D_{pq}，将 G_p 与 G_q 合并成一个新类，记为 G_r，即 $G_r=\{G_p,G_q\}$。

第四，按公式（6.13）计算新类与其他类的距离。

第五，重复步骤二和步骤三，直到所有样品合并成一类。

第六，画聚类图。

最后对聚类图进行分析，就可以得出区域物流园区空间层次的分类，在此基础上，结合上节区域物流需求总量的预测，亦可判断各层次物流园区的规模等级以及各等级的物流园区功能类型。

6.2.4　物流园区布局选址的规划模型

在目前的研究中，物流园区的选址布局一般要依托运输组织枢纽、交通枢纽或制造业基地进行。依托运输组织枢纽布局是为了最大限度地利用运输组织枢纽在货源集中和运输便利上的优势，以便减少装卸和搬运作业环节并降低相关环节的费用，提高物流作业效率。依托交通枢纽进行布局，目的是在物流组织时利用各方向上的干线大运量、快捷运输组织条件，也便于降低运输成本和减少迂回运输。依托制造业基地进行布局，能够为制造业的原材料采购、产品生产、产成品销售等的物流组织与管理提供便捷的服务。

可见，物流园区的布局与区域产业结构和区域交通网络的协调是合理规划物流园区的核心基础，作为区域物流系统的重要组成要素，物流园区的合理规划布局是提升区域物流集散能力和运作效率的有效手段。物流园区的合理布局能够有效减少货物的流通费用、降低物流园区自身的运营成本、加大区域内生产力集聚力度并强化区域物流服务的空间辐射能力。

6.2.4.1 物流园区布局的总体思路

如图 6 –3 所示，本节对物流园区布局的研究基于两个方面展开：一是物流园区选址的需求分析，即根据各地区主要制造业企业、商业企业及商品交易市场的地理位置和交易量来确定物流需求地域分布概况；二是物流园区选址的供给分析，即对各地区交通区位条件和现有物流园区设施等状况进行综合评价分析，初步确定物流园区备选地址范围，在此基础上确定备选地区范围并采用模型求解选址的最优方案，对区域内既有物流园区是否适合区域经济发展以及物流园区选址位置、建设数量和建设规模等一系列选址布局进行分析。

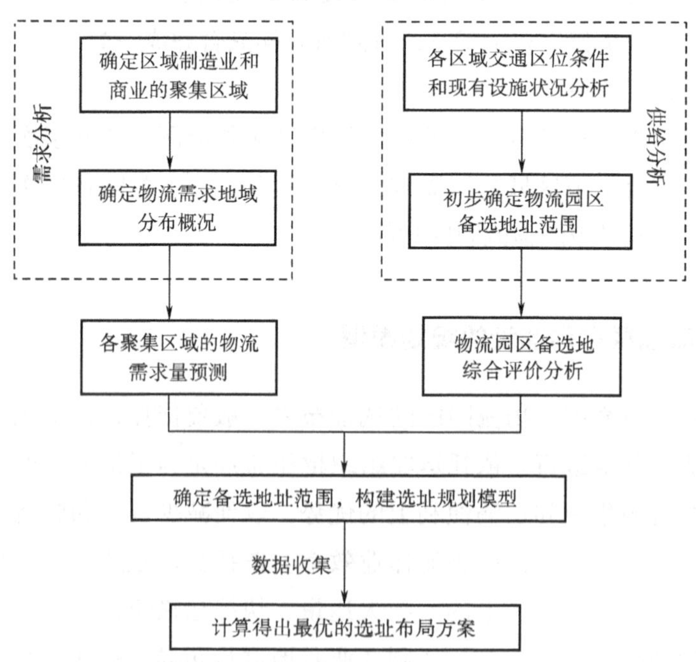

图 6–3 物流园区布局总体思路示意图

资料来源：笔者研究整理。

6.2.4.2 物流园区布局的指标体系设计

本书对于物流园区选址布局规划的分析采用先定性判断、后定量分析的思路。

（1）定性分析。在定性分析阶段，首先确定物流园区选址的区域范围，其次分析区域内主要制造业企业、商业企业以及商品交易市场的聚集区域以确定物流需求的地域分布概况，然后在分析区域交通区位条件与现有设施的基础上，结合上述物流需求地域分布的匹配程度确定备选地。具体而言，选址的基本思路与步骤如下：

物流园区服务主要面向制造业和商业企业，并以制造业为主，因此需要首先分析区域主要支柱性产业，并统计区域主要的制造业企业和商贸企业的产量及其在区域空间分布的状况，确定区域物流需求的主要发生区域。

在上述基础上，通过分析人口、社会消费品零售总额等因素与社会物流需求量的相关关系预测社会物流需求总量，并将其分配至各个物流需求发生区域。

确定现有物流园区的数量及分布，以及拟建物流园区地址。分析各物流园区的合理覆盖范围，确定各自吸引范围，划分各个物流园区的吸引区域，进而确定各吸引区域内的制造业、商贸企业数量及其产量等，按照就近原则和交通通达性原则对现有和拟建物流园区与物流需求发生地进行匹配性选择，确定物流园区的备选地址。

（2）定量分析。在定量分析阶段，首先对各个物流园区备选地址是否具备发展物流园区的条件用 DEA 综合评价模型进行定量评价分析，依据交通区位条件、地区支撑条件、发展环境条件等几大类指标进行评判，选取其中效果较好的地点作为物流园区备选方案优先发展，然后将所得备选方案代入 0–1 混合整数规划模型进行计算，得出最优的选址方案。

由于物流园区地址备选点的确定受众多因素影响，构建指标体系时应该对各种因素进行重要程度的划分，选择其中影响较大的因素进行重点分析。在实际操作过程中，考虑到各因素对物流园区备选地选择的影响程度和数据可得性，本书在实地调研和咨询行业专家的基础上初步确定了影响物流园区空间布局规划的指标体系，主要包括交通区位条件和环境支撑条件两大类，如图 6–4 所示。

①备选地发展物流园区的交通区位条件。由于物流园区实现的是货物的

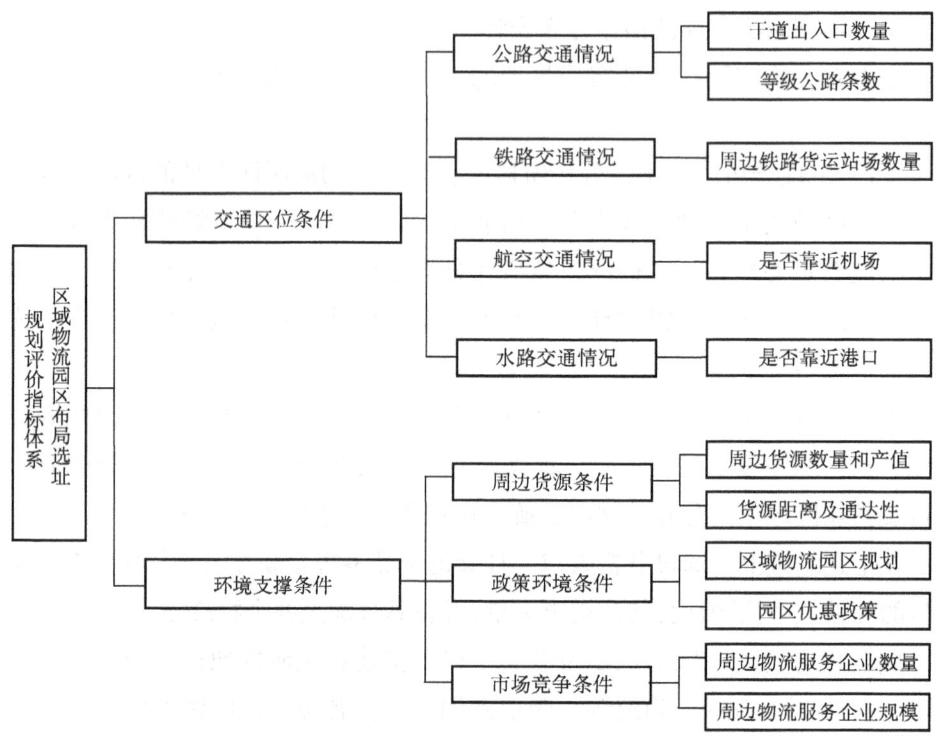

图 6-4　物流园区布局选址规划评价指标体系结构图

资料来源：笔者研究整理。

仓储及快速集散等功能，故其需要各种运输方式的有效支撑和相互衔接，所以备选地所处区域的运输系统越完善，越有利于实现多种运输方式的转换，发展物流园区的条件就越好。该指标由公路交通情况、铁路连通情况、航空交通情况和水路交通情况四项指标来体现。

公路交通情况，以备选点周边的公路干道出入口数量、等级公路条数来表征。等级公路条数和干道出入口数量越多，则说明该备选点所处区域的公路交通区位越好，越适合物流园区的布局选址和发展。

铁路交通情况，以备选点周边的铁路货运站数量来表征。该数量越大，说明该备选点所处区域的铁路交通状况越好，货源吸引力越强，适合物流园区的规划布局和发展。

航空交通情况，以备选点所处区域靠近机场情况为评价标准。距离机场越近，得分越高，说明该备选点航空交通状况指标值越高，适合物流园区的布局和发展。

水路交通情况，用备选点靠近港口情况进行打分评价。分值越高，说明越适合物流园区的发展。

②备选地发展物流园区的环境支撑条件。物流园区的建设与发展离不开市场和政府的支撑，区域主要工业集聚地、商贸集聚地是物流需求的主要来源，物流园区的选址建设必须按照地方政府对区域的总体规划进行，同时地方政府也可为物流园区的建设和发展提供一些诸如财税、土地等方面的优惠政策。环境支撑条件即物流园区备选地所处区域的周边货源条件、政策环境条件以及市场竞争条件。

周边货源条件，主要选用备选点周边货源地的数量、总产值、通达性、距离四项指标来表征，其中货源地的数量、总产值、通达性三项与备选点周边货源条件呈正相关，货源地与备选点的距离与备选点周边货源条件呈负相关，因此，货源地数量、总产值、通达性指标越大，距离指标越小，该备选点周边货源条件越好，越适合物流园区的发展。

政策环境条件，主要考虑备选点是否位于政府规划的物流园区或物流基地区域内，因为在规划的园区范围内，政府会提供一些优惠政策，所以若备选点在政府规划的园区范围内，则该备选点更利于物流园区的发展。

市场竞争条件，主要用备选点周边提供物流服务的企业数量和规模来表征，该指标数值越高，说明备选点的市场竞争越激烈，发展物流园区所面临的困难较大。

6.2.4.3 物流园区布局的主要方法及其原理

本书所采取的物流园区选址布局规划研究方法体系主要由数据包络分析评价模型与基于 0–1 混合整数规划的离散选址模型构成，其基本原理如下：

（1）数据包络分析评价模型原理。数据包络分析是以相对效率为基础，以数学规划为主要工具，以优化为主要方法，根据多指标输入和多指标输出对相同类型的单位（部门或企业）进行相对有效性评价的一种新方法，该方法通过建立规划模型来达到对决策单元进行评价的目的，本质上是来判断决策单元是否处在生产前沿面上。

自从 1978 年著名运筹学家查恩斯等首先提出 CCR 模型并用于评价部门间的相对有效性以来，此方法不断得到完善并在实际中被广泛应用于技术进步、技术创新、资源配置、金融投资等各个领域，特别是在对非单纯营利的公共服务部门，如交通运输、学校、医院、某些文化设施等评价方面均被认为是一种有效的方法。

针对上述问题，本书采用数据包络分析方法来进行物流园区选址综合评价，它在评价决策单元的有效性方面具有特别的优势：它无须权重假设，每一输入输出的权重不是根据评价者的主观认定，而是由决策单元的实际数据求得的最优权重，所以具有很强的客观性。

目前应用最广泛的DEA模型是查恩斯等提出的综合CCR模型，其具体内容如下：

假设有 n 个决策单元，评价指标体系有 m 种输入，s 种输出，第 j 个决策单元 DMU_j 的输入变量 X_j 和输出变量 Y_j 分别为：

$$X_j = (x_{1j}, x_{2j}, \cdots, x_{mj}) \geqslant 0; j = 1, 2, \cdots, n$$

$$Y_j = (y_{1j}, y_{2j}, \cdots, y_{sj}) \geqslant 0; j = 1, 2, \cdots, n$$

由于在生产过程中各种输入和输出之间的地位与作用不同，因此要对 DMU 进行评价，须对它的输入和输出进行“综合”，即把它们看作只有一个总体输入和一个总体输出的生产过程，这就需要对每一个分量赋予恰当的权重，我们并不事先给定输入、输出权向量，即 $v=(v_1, v_2, \cdots, v_m)T$，$u=(u_1, u_2, \cdots, u_s)T$，而是先把它们看作变向量，然后在分析过程中根据某种原则来确定它们。为评价不同的相对有效程度，设 h_j 为效率评价指数：

$$h_j = \frac{\sum_{r=1}^{s} u_r y_{rj}}{\sum_{i=1}^{m} v_i x_{ij}}, j = 1, 2, \cdots, n \tag{6.14}$$

式中，h_j 表示第 j 个决策单元 DMU_j 的效率评价指数；x_{ij} 为 DMU_j 的第 i 种投入指标值；y_{rj} 为 DMU_j 的第 r 种产出指标值。

对 j_0 个决策单元（$j_0=1,2,\cdots,n$）的相应的 C^2R 模型为：

$$\max \frac{\sum_{r=1}^{s} u_r y_{r0}}{\sum_{i=1}^{m} v_i x_{i0}} h_{j0} \tag{6.15}$$

$$s.t.\frac{\sum_{r=1}^{s} v_i x_{i0}}{\sum_{i=1}^{m} v_i x_{ij}} \leqslant 1$$

$$=1,2,\cdots,n;\ u \geqslant 0;\ v \geqslant 0$$

利用 Charnes–Cooper 变换，可以将该模型化为一个等价的线性规划问题。令 $t=1/v^T X_0$，$\omega=tv$，$\mu=tu$，则分式规划可转化为：

$$(P_{C^2R})\begin{cases}\max \mu^T Y_0 = h_{j0} \\ \omega^T X_j - \mu^T Y_j \geqslant 0,\ j=1,2,\cdots,n \\ \omega^T X_0 = 1 \\ \omega \geqslant 0,\ \mu \geqslant 0\end{cases} \quad (6.16)$$

线性规划 P_{C^2R} 的对偶规划为（加入松弛变量 s^- 及剩余变量 s^+ 以后，$s^- \geqslant 0$，$s^+ \geqslant 0$）；

$$(D_{C^2R})\begin{cases}\min\theta \\ \sum_{j=1}^{n} X_j\lambda_j + S^- = \theta x_0 \\ \sum_{j=1}^{n} Y_j\lambda_j - S^+ = Y_0 \\ \lambda_j \geqslant 0,\ j=1,2,\cdots,n\end{cases} \quad (6.17)$$

求解以上的线性规划模型（D_{C^2R}）来判断 DMU_{j0} 的有效性：

当最优解中 $\theta^0=1, s^+=s^-=0$ 时，称 DMU_{j0} 为 DEA 有效；

当最优解中 $\theta^0=1$ 且 $s^+ \neq 0$ 时，则称 DMU_{j0} 为 DEA 弱有效。

根据上述 DEA 模型的基本原理，DEA 选址模型是以备选点的输入指标和输出指标为基础而实现选址规划评价的，考虑到物流园区的选址受物流需求量分布的影响，而物流需求量分布情况不仅与经济总量和空间布局有关，而且直接与产业结构有关（第一产业、第二产业和第三产业对物流需求的强度和频度是有差异的），因此，用 DEA 模型来对物流园区选址备选点进行评价时，选取影响物流需求量的经济指标作为 DEA 输入指标，以输出物流园区选址规划的初始备选选址方案。

（2）基于 0–1 混合整数规划的离散选址模型。由于区域物流园区的布局是基于既有园区所在地和拟建园区所在地为备选点进行离散选址，故选址要解决的是在这些备选地点中确定物流园区的合理选址位置、建设数量及园区规模并分析出各园区服务所辐射的范围问题，使由此形成的物流园区空间网络的总运营费用最小。混合整数规划包含连续变量和离散变量，正适用于本书同时具有可变费用和固定费用的选址问题。

在一定的地域范围内，物流园区的数量与规模存在一个容量极限，一个区域的物流园区数量过多会造成资源浪费与物流作业低效，而数量过少又难以满足区域的物流需求，而且地区间的需求分布情况不均衡也导致地区间的物流园区建设规模存在一定差异，而目前对于区域的物流园区量与规模的相互关系问题缺少结合空间选址布局的研究。因此，基于前文对区域物流园区空间层次划分的分析，本书运用 0–1 混合整数规划理论建立综合解决区域物流园区空间数量、空间规模及具体选址位置的离散型选址模型。

各变量符号的含义如下：

x_{ij}：货源地 i 至物流园区备选地 j 的年货运量（吨）；

d_i：货源地 i 的物流需求量（吨）；

a：单位作业能力所需园区扩散费用；

Z_j：为 0–1 变量，选择在备选地 j 建设物流园区时，取值为 1，否则取值 0;

Q_j：备选地 j 原有作业能力（吨 / 年）；

Y_j：备选地 j 建设物流园区增加的基础作业能力（吨 / 年）；

W_j：备选地 j 建设物流园区的基础改建费用（元）；

s_{ij}：货源地 i 距备选地 j 的距离（公里）；

β：单位吨公里所需的运输成本系数；

P_j：备选地 j 的控制规划能力规模上限（万吨）；

k：物流园区的货物主要流向数；

a_k：各货物主要流向的备选点集合；

M：接近无穷大的数值；

m：货源需求区域的个数；

n：物流园区备选地的个数。

目标函数是指在满足地区物流需求和充分利用现有园区服务能力的前提下，综合考虑物流园区改建费用、扩建费用及物流需求量到物流园区的短途运输费用等三种费用，以实现区域内物流园区体系运作总成本最低。

$$f=\sum_{j=1}^{n}W_jZ_j+\alpha\sum_{j=1}^{n}\sum_{i=1}^{m}x_{ij}-\alpha\sum_{j=1}^{n}\left(Q_j+Y_j\right)Z_j+\beta\sum_{j=1}^{n}\sum_{i=1}^{m}s_{ij}x_{ij} \tag{6.18}$$

该目标函数中第一项是指备选地改造既有设施来建设物流园区而产生的改建费用，第二项是指备选地为满足全部吸引需求扩大作业规模而产生的扩建费用，第三项是指备选地完成改建后产生基础作业能力而节省的扩建费用，第四项是指备选地为满足货源需求而产生的公路短驳运输费用。

s.t.

$$\sum_{i=1}^{m}x_{ij}\leqslant p_j, i=1,2,\cdots,m; j=1,2,\cdots,n$$

$$\sum_{j=1}^{n}x_{ij}=d_i, i=1,2,\cdots,m; j=1,2,\cdots,n$$

$$MZ_j-\sum_{i=1}^{m}\sum_{j=1}^{n}\geqslant 0, i=1,2,\cdots,m; j=1,2,\cdots,n$$

$$\sum_{i=1}^{m}\sum_{j=1}^{n}x_{ij}-\sum_{j=1}^{n}(Q_j+Y_j)Z_j\geqslant 0, i=1,2,\cdots,m; j=1,2,\cdots,n \tag{6.19}$$

$$\sum_{i=1}^{m}Z_j\leqslant q, j=1,2,\cdots,n$$

$$\begin{cases}\sum_{j=1}^{a_1-1}Z_j\geqslant 1, j=1,2,\cdots,a_1-1\\ \sum_{j=a_1}^{a_1+a_2-1}Z_j\geqslant 1, j=a_1,a_1+1,\cdots,a_1+a_2-1\\ a_1+a_2+a_3+\cdots+a_k=n; a_1,a_2,a_3,\cdots,a_k\in N\end{cases}$$

Z_j 为 0–1 变量，$x_{ij}\geqslant 0$。其中，$i=1,2,\cdots,m$，$j=1,2,\cdots,n$。

约束条件的含义如下：第一个约束条件是保证备选地的作业总量不能超过自身的规划作业能力上限，第二个约束条件是保证每个货源地的需求都能得到满足，第三个约束条件是规定已分配货运量的备选地必须建设物流园区，

第四个约束条件是规定必须充分利用选建物流园区的基础作业能力，第五个约束条件是规定物流园区建设数量的上限，第六个约束条件是规定各主要货物流向必须建设一个物流园区，第七个约束条件为选址决策变量的约束。通过上述模型的分析，可以实现在一系列备选地点中确定物流园区的建设数量、合理位置以及各园区所服务范围，进而确定各园区的规模及功能类型。

6.3 本章小结

本章的研究基于物流园区与区域经济发展关联机制的理论分析，明确了区域物流园区规划的总体思路，并构建了基于区域经济发展的物流园区规划模型与方法。构建的模型主要包括四个部分：一是物流园区与区域经济增长关系的耦合测度模型，该模型从定量方面对某一特定区域的经济发展水平与物流园区体系的耦合状况和协调程度进行判断，为后期基于区域经济发展水平对区域物流需求量进行预测提供合理的指标体系；二是区域物流需求量预测模型，该模型借助灰色理论，基于对物流需求关联度变动趋势和区域经济指标走势的分析来进行区域物流需求的预测；三是物流园区空间层次规划模型，该模型借助聚类分析方法，对区域物流园区空间层次进行划分，在此基础上，结合区域物流需求量的预测，就可判断各层次物流园区的规模等级以及各等级的物流园区功能类型；四是基于产业关联的物流园区布局选址模型，该模型设计了由交通区位条件和环境支撑条件两大类指标构成的物流园区选址布局规划评价指标体系，构建了基于数据包络分析和 0–1 混合整数规划的物流园区离散型选址布局规划方法。

7 京津冀地区物流园区规划的实证研究

如前所述，本书以物流园区与区域经济的关联机制为切入点，系统构建了区域物流园区规划的框架及方法体系，为了使分析框架更好地为实践服务，本章以京津冀地区作为研究对象进行实证分析。

7.1 京津冀地区概况

京津冀地区指的是临渤海的北京市、天津市以及河北省所构成的 C 型地域，包括北京、天津两大直辖市以及河北省的石家庄、保定、承德、廊坊、唐山、张家口、沧州、秦皇岛、衡水、邢台、邯郸等 11 个地级市及所辖区域。京津冀地区具有良好的产业基础、人力资本积累雄厚、基础设施优越，已基本形成陆、海、空综合交通运输体系。伴随京津冀协同发展上升为重大国家战略，三地经济合作不断加强，物流业融合联动发展步伐不断加快，区域经济和物流运作一体化步伐明显加快。

7.1.1 京津冀地区经济发展概况

7.1.1.1 经济总量及经济结构

（1）京津冀地区经济发展总体水平。京津冀地区以其独有的政治文化优势、区位优势、雄厚的工业基础和先进的技术装备，成为继长江三角洲和珠江三角洲之后，我国第三个区域经济增长极，经济总量居全国前列。2015 年，京津冀地区实现生产总值 69 358.89 亿元，占国内生产总值的比重约为 10.07%，如表 7–1 所示。

表 7–1　2006—2015 年京津冀地区生产总值情况

年份	北京市生产总值（亿元）	天津市生产总值（亿元）	河北省生产总值（亿元）	京津冀地区生产总值（亿元）	占国内生产总值比重（%）
2006	8 117.78	4 462.74	11 467.6	24 048.12	10.96
2007	9 846.81	5 252.76	13 607.32	28 706.89	10.62
2008	11 115	6 719.01	16 011.97	33 845.98	10.59
2009	12 153.03	7 521.85	17 235.48	36 910.36	10.57
2010	14 113.58	9 224.46	20 394.26	43 732.3	10.59
2011	16 251.93	11 307.28	24 515.76	52 074.97	10.64
2012	17 879.4	12 893.88	26 575.01	57 348.29	10.61
2013	19 800.81	14 442.01	28 442.95	62 685.77	10.53
2014	21 330.83	15 726.93	29 421.15	66 478.91	10.32
2015	23 014.59	16 538.19	29 806.11	69 358.89	10.07

资料来源：根据国家统计局网站统计数据整理。

京津冀地区经济增长态势见表 7–2。

表 7–2　京津冀地区经济增长态势

年份	地区生产总值增速（%）			人均地区生产总值（元 / 人）		
	北京市	天津市	河北省	北京市	天津市	河北省
2006	16.5	14.2	14.5	49 505	40 961	16 894
2007	21.3	17.7	18.7	60 096	47 970	19 662
2008	12.9	27.9	17.7	64 491	58 656	22 986
2009	9.3	12.0	7.6	66 940	62 574	24 581
2010	16.1	22.6	18.3	73 856	72 994	28 668
2011	15.2	22.6	20.2	81 658	85 213	33 969
2012	10.0	14.0	8.4	87 475	93 173	36 584
2013	10.8	12.0	7.0	94 648	100 105	38 909
2014	7.7	8.9	3.4	99 995	105 231	39 984
2015	7.9	5.2	1.3	106 497	107 960	40 255

数据来源：根据国家统计局网站统计数据整理。

由表7–1和表7–2可知，近十年来，京津冀两市一省的地区生产总值和人均生产总值均呈现连续增长的态势，但增速逐渐放缓。对比来看，河北省的经济总量高于北京市和天津市，但在地区生产总值增速和人均地区生产总值指标上，河北省却远落后于北京市和天津市。

（2）京津冀地区产业结构现状。根据前人研究经验可知，物流业的发展对三大产业都有较强的联动影响作用，尤其是与第二产业中的制造业、第三产业中的批发零售业存在着很强的双向互动关系。因此，京津冀各地区产业结构的现状在一定程度上影响和决定了区域物流需求的总量及物流节点的建设数量和建设规模。

京津冀三地虽然在地域上相邻，但经济发展水平并不同步，产业结构各有侧重。就三次产业的现状而言，2015年，北京市第三产业占比达79.7%，远高于天津市和河北省，占经济总量将近4/5，成为经济发展的支柱。天津市第三产业占比52.2%，略高于第二产业，可见天津市第三产业已逐渐替代第二产业成为推动区域经济增长的主要动力。河北省第二产业产值占比仍然较高，产业结构呈现“二三一”型，但与2006年相比，第一产业和第二产业比重明显下降，第三产业比重已达40%以上，详见表7–3。

表7–3　京津冀地区生产总值结构比例（%）

年份	第一产业			第二产业			第三产业		
	北京市	天津市	河北省	北京市	天津市	河北省	北京市	天津市	河北省
2006	1.1	2.3	12.7	27.0	55.1	53.3	71.9	42.6	34.0
2007	1.0	2.1	13.3	25.5	55.1	52.9	73.5	42.8	33.8
2008	1.0	1.8	12.7	23.6	55.2	54.3	75.4	43.0	33.0
2009	1.0	1.7	12.8	23.5	53.0	52.0	75.5	45.3	35.2
2010	0.9	1.6	12.6	24.0	52.5	52.5	75.1	46.0	34.9
2011	0.8	1.4	11.9	23.1	52.4	53.5	76.1	46.2	34.6
2012	0.8	1.3	12.0	22.7	51.7	52.7	76.5	47.0	35.3
2013	0.8	1.3	11.9	21.7	50.4	52.0	77.5	48.3	36.1
2014	0.7	1.3	11.7	21.3	49.2	51.0	77.9	49.6	37.3

续表

年份	第一产业			第二产业			第三产业		
	北京市	天津市	河北省	北京市	天津市	河北省	北京市	天津市	河北省
2015	0.6	1.3	11.5	19.7	46.6	48.3	79.7	52.2	40.2

数据来源：根据国家统计局网站统计数据整理。

对比来看，京津冀三地三次产业的发展现状如表 7–4 所示。第一产业方面，河北省第一产业增加值占京津冀地区总量的 90.79%，北京市和天津市的比重分别仅为 3.70% 和 5.51%。第二产业方面，总量上最具优势的是河北省，占比 54.02%，天津市占比次之，为 28.93%，北京市占比最小，为 17.06%。第三产业方面，北京市所占比重最大，为 47.08%，河北省次之，为 30.77%，天津市比重最小，为 22.15%。

表 7–4　2015 年京津冀地区三大产业分布概况

产业类别	北京市		天津市		河北省	
	增加值（亿元）	比重（%）	增加值（亿元）	比重（%）	增加值（亿元）	比重（%）
第一产业	140.21	3.70	208.82	5.51	3 439.45	90.79
第二产业	4 542.64	17.06	7 704.22	28.93	14 386.87	54.02
第三产业	18 331.74	47.08	8 625.15	22.15	11 979.79	30.77

资料来源：根据国家统计局网站统计数据整理。

7.1.1.2　京津冀地区需求概况

从支出角度看，国内生产总值是消费、投资、净出口这三种最终需求之和，因此，经济学上常把投资、消费、出口称为拉动经济增长的“主动力”。鉴于数据的可得性，本书在对社会总需求进行分析时，拟用社会消费品零售总额、全社会固定资产投资和出品额来近似反映京津冀地区社会消费、投资和出品的规模。

2015 年，京津冀地区的社会消费品零售总额、全社会固定资产投资分别为 28 586 亿元和 48 776.25 亿元，分别占全国比重的 9.5% 和 8.68%。对比来看，河北省在总量指标上居于首位，天津市在增速上居于首位，可见天津市和滨海新区作为国家重点打造的区域经济第三个增长极的后发优势越来越明显，详见表 7–5 和表 7–6。

表 7–5 2015 年京津冀地区社会消费品零售总额情况

地区	北京市	天津市	河北省	京津冀地区
社会消费品零售总额（亿元）	10 338	5 257.3	12 990.7	28 586
同期增长（%）	7.26	10.94	9.90	–
占全国比重（%）	3.44	1.75	4.32	9.50

资料来源：根据国家统计局网站统计数据整理。

表 7–6 2015 年京津冀地区全社会固定资产投资情况

地区	北京市	天津市	河北省	京津冀地区
全社会固定资产投资（亿元）	7 495.99	11 831.99	29 448.27	48 776.25
同期增长比例（%）	8.26	12.49	10.41	–
占全国比重（%）	1.33	2.11	5.24	8.68

资料来源：根据国家统计局网站统计数据整理。

从出口情况来看，2015 年，京津冀地区出口额均呈现下滑趋势，全年累计完成出口额 1 387.93 亿美元，占全国总量的 6.10%。其中，北京市出口额最高，天津市次之，河北省最低。2015 年，京津冀地区在实际利用外资规模上增长较快，总额达 415.04 亿美元，占全国比重达 32.86%。其中，天津市实际利用外资规模遥遥领先，大于北京市和河北省的总和。详见表 7–7。

表 7–7 2015 年京津冀地区出口情况

地区	北京市	天津市	河北省	京津冀地区
出口额（亿美元）	546.7	511.83	329.4	1 387.93
同期增长（%）	–12.3	–2.7	–7.8	–
占全国比重（%）	2.40	2.25	1.45	6.10
实际利用外资总额（亿美元）	130	211.34	73.7	415.04
同期增长（%）	40.8	12	5.1	–
占全国比重（%）	10.29	16.73	5.84	32.86

资料来源：根据《中华人民共和国 2015 年国民经济和社会发展统计公报》《2015 年北京市国民经济和社会发展统计公报》《2015 年天津市国民经济和社会发展统计公报》《2015 年河北省国民经济和社会发展统计公报》相关数据整理。

7.1.2 京津冀地区物流业发展现状

近年来，伴随着区域经济的蓬勃发展，京津冀地区的物流需求规模迅速增加，物流基础设施逐步完善，物流信息化水平逐年提高，各类物流园区蓬勃发展，物流供给能力和供给水平持续提升。

7.1.2.1 京津冀地区物流市场需求状况

（1）交通运输、仓储和邮政业增加值情况。近年来，京津冀地区的交通运输、仓储和邮政业增加值先呈现出快速增长的趋势，而后增速逐渐放缓。从总量来看，2015 年，京津冀地区交通运输、仓储和邮政业增加值较之 2006 年翻了一番。从增速来看，2015 年，北京市交通运输、仓储和邮政业增加值的增速居首位，河北省首次出现负增长，详见表 7–8。

表 7–8 2006—2015 年京津冀地区交通运输、仓储和邮政业增加值及增速

年份	北京市		天津市		河北省	
	增加值（亿元）	增速（%）	增加值（亿元）	增速（%）	增加值（亿元）	增速（%）
2006	455.21	13.30	302.20	11.30	938.52	38.40
2007	497.55	9.30	334.67	10.74	1 155.62	23.13
2008	498.92	0.28	436.37	30.39	1 337.54	15.74
2009	556.64	11.57	471.01	7.94	1 491.92	11.54
2010	712.01	27.91	585.37	24.28	1 745.91	17.02
2011	808.95	13.61	632.10	7.98	2 046.22	17.20
2012	816.31	0.91	683.56	8.14	2 212.93	8.15
2013	871.76	6.79	675.02	–1.25	2 345.10	5.97
2014	948.10	8.76	720.72	6.77	2 396.40	2.19
2015	983.87	3.77	729.09	1.16	2 359.09	–1.56

资料来源：根据国家统计局网站统计数据整理。

（2）货运量与货物周转量情况。受全球金融危机影响，2008 年和 2009 年京津冀地区货运量或货物周转量均出现负增长，之后几年又呈现短暂上扬，如表 7–9 所示。从货运量来看，2015 年，京津冀地区货运量总体呈现下滑趋

势。从货物周转量来看，河北省自2010年以来均呈现上升趋势，但增速放缓；北京市呈现波动增长，2015年与2012年总量水平相差不大；天津市呈现持续、快速下滑，这与经济步入新常态，天津港传统货物周转量快速下滑息息相关。

表 7-9　2006—2015 年京津冀地区货运量、货物周转量情况

年份	货运量（万吨）			货物周转量（亿吨公里）		
	北京市	天津市	河北省	北京市	天津市	河北省
2006	33 008	41 939	90 831	582.1	12 593	5 068.1
2007	19 877	50 261	96 891	653.2	12 240.8	5 556.6
2008	20 525	34 114	106 922	724.8	15 289	6 006.4
2009	20 470	42 324	123 065	758.89	2 703.44	5 925.48
2010	21 762	40 013	156 596	731.59	9 606.61	6 405.15
2011	24 663	43 601	189 799	876.93	10 065.05	8 071.11
2012	26 162	46 015	219 130	999.6	10 337.29	9 630.43
2013	25 748	45 233	198 009	1 001.13	7 844.06	10 604.96
2014	26 551	49 753	209 946	1 051.14	3 097.39	11 674.06
2015	20 078	48 779	198 024	1 036.71	3 602.38	12 684.47

资料来源：笔者根据国家统计局网站统计数据整理。

7.1.2.2　京津冀地区物流市场供给状况

（1）交通运输设施发展现状。物流系统的正常运转、物流业的发展离不开交通运输系统的支撑，交通基础设施是现代物流业的基础支撑和依托载体。京津冀地区作为我国交通物流网络最为密集的区域之一，拥有以公路、铁路、航空、水运为主的综合运输网络体系，对促进区域物流的发展起到了重要作用。

①公路路网建设情况。京津冀地区具有良好的公路基础设施，目前，京津冀地区基本已形成等级高、密度大、范围广的公路网络格局。从营业里程来看，2015年底京津冀地区公路营业总里程为22.30万公里，其中，高速公路8 445公里，占总里程的3.79%，远高于全国高速公路占比的2.70%；公路网密度为10 268.56公里/万平方公里，高速公路密度为388.89公里/万平方公里，

均高于全国平均水平。详见表 7–10。

表 7–10　2015 年京津冀地区公路营业里程和高速公路里程及路网密度

地区	公　路		高速公路	
	营业里程（公里）	路网密度（公里 / 万平方公里）	营业里程（公里）	路网密度（公里/万平方公里）
北京市	21 885	13 336.38	982	598.42
天津市	16 550	13 854.01	1 130	945.92
河北省	184 553	9 775.05	6 333	335.43
京津冀地区	222 988	10 268.56	8 445	388.89
全国	4 577 296	4 751.19	123 523	128.22

资料来源：根据《中国统计年鉴（2016）》相关数据整理。

②铁路路网建设情况。京津冀地区是全国铁路最密集地区之一，区域内铁路以北京为中心，纵横交错、四通八达，密布着北京—广州、天津—浦口、北京—沈阳、大同—秦皇岛等十几条铁路干线，组成网络状的铁路网络，通向区内和全国各地。截至 2015 年年底，京津冀地区铁路营业里程已达 9 286.6 公里，占全国总量的 7.68%；路网密度达 427.65 公里 / 万平方公里，远高于 125.57 公里 / 万平方公里的全国平均水平。对比来看，北京市、天津市铁路基础设施建设比较发达，路网密度远高于河北省。如表 7–11 所示。

表 7–11　2015 年京津冀地区铁路营业里程和路网密度

地区	铁路营业里程（公里）	路网密度（公里 / 万平方公里）
北京市	1 284.8	782.94
天津市	1 043.7	873.68
河北省	6 958.1	368.54
京津冀地区	9 286.6	427.65
全国	120 970.4	125.57

资料来源：根据《中国统计年鉴（2016）》相关数据整理。

除完善区域交通运输网络外，北京铁路局不断开发既有铁路路网优势，开行点到点货物班列、京津冀零散货物快运班列、国际运输班列等，极大地推动了京津冀地区与国内、国际其他城市的经贸往来。截至2016年10月底，北京铁路局开行了北京、天津、保定、石家庄、邯郸等地到广州、昆明、成都等方向的六趟点到点货物运输班列，特快、快速货物班列八列（其中，快速货物班列四列，特快货物班列四列），京津冀零散货物快运列车五列，天津新港到满洲里的中欧班列以及天津新港到阿拉山口、霍尔果斯、二连浩特的两列中亚班列。

同时，为提高联运效率，提升集装化设施，北京铁路局不断设计定制化运输服务，针对港口、无水港、物流园、商贸中心等货源集散地货物运输需求，深化与公路、水运等其他运输方式的衔接，依托集装箱运输打造多式联运服务产品。

③水路路网建设情况。京津冀地区已经形成以天津港为枢纽，包含唐山港、秦皇岛港和黄骅港在内的渤海湾西岸港口体系，这些港口以其大进大出的集疏运能力和物流网络的组织作用，在京津冀地区综合物流体系中占据重要地位，且已成为我国北方广大区域通往世界的主要窗口和海上通道。其中，天津港是中国北方最大的综合性贸易港口，拥有全国最大的集装箱码头，2015年，天津港港口货物吞吐量5.41亿吨，位列全球第四，集装箱吞吐量1 411.10万标准箱，位列全球第十。截至2015年年底，天津港已经与180多个国家和地区的500多个港口建立了贸易往来，辟建了5个区域营销中心、25个内陆无水港和15条海铁联运通道。

近年来，京津冀地区各港口都在不断加强港口基础设施建设，扩大自身规模和货物处理能力，如表7-12所示。同时，津冀港口协同发展不断深化，如河北港口集团和天津港集团共同组建了渤海津冀港口投资有限公司，唐山港集团与天津港集团合资成立了津唐国际集装箱码头有限公司，通过合力打造港口物流园区及无水港，建设物流通道，培育发展内支线运输，有利地增强了津冀港口的辐射带动作用。

表 7-12　津冀沿海港口基础设施建设情况

港口名称	码头长度（米）	泊位个数（个）	
		总数	万吨级
天津港	35 954	162	106
秦皇岛港	18 564	92	44
黄骅港	9 775	47	30
唐山港	24 337	91	86

资料来源：根据《天津统计年鉴（2015）》《河北经济年鉴（2015）》相关数据整理，该表统计数据截至 2014 年底。

④机场货运航线建设情况。京津冀地区民航运输业发展迅速，区域内已经建成北京首都国际机场、天津滨海国际机场、石家庄正定机场、北京南苑机场、秦皇岛山海关机场、邯郸机场和唐山三女河机场。2015 年，京津冀地区机场货邮吞吐总量达 218.96 万吨，约占全国的 15.54%。

北京首都国际机场是我国客、货运量最大的机场，是我国拥有航线最丰富、航班最密集、运量最大的航空港。2015 年，北京首都机场货邮吞吐量为 188.94 万吨，占京津冀地区货邮吞吐总量的 86.29%。目前，北京首都机场已开通 200 多条国际国内航线，通往世界主要国家及地区和国内大部分城市。天津滨海国际机场作为我国北方重要的航空货运基地和京津冀及至华北地区航空货运枢纽，拥有空港国际物流园区，在京津冀地区机场群中的作用也较为显著。截至 2015 年年底，天津机场已经开通 24 条货运航线，全货机通航 22 个城市，形成以天津为中心，国内货运航线为主轴，辐射东北亚、欧洲和美洲的货运航线网络。

随着京津冀协同发展的推进，京津冀民航领域的协同发展也不断加深。2016 年 12 月，《民航局关于推进京津冀民航协同发展的意见》发布，该意见明确要构建功能完善的区域机场体系，推动三地机场统一运行管理，从而全面提升京津冀地区航空保障能力和运输服务水平，全力推动京津冀民航与区域经济协调发展。

（2）物流信息化、标准化发展现状。随着物流技术的广泛应用，一体化物流信息平台在京津冀地区得到有效推广。“十二五”期间，天津市积极推动物流综合信息服务平台建设，促进物流企业与商贸、生产、批发零售等企业数据共用、资源共享、信息互通。依托“天津港电子商务网”，搭建了综合性一体化天津物流服务平台，积极推动科技企业加快城市物流配送服务平台研发。同时，京津冀三地信息化共享水平也不断提升。2016 年 5 月，三地商务部门通过签署合作项目，明确了京津冀物流合作的三个方面，包括以企业联盟形式推动京津冀物流标准化协同发展、以标准带动共同推进京津冀区域冷链物流发展和促进京津冀三地物流信息的共享和利用等。随后，由河北省商务厅、北京市商务局、天津市商务局共同发起成立了京津冀城市群智慧物流信息化平台——“物流京津冀”，旨在推进三地城市共同配送的一体化发展。

物流标准化是物流一体化的基础，要全面提升物流运作水平，必须大力推进物流标准化进程。物流标准化建设方面，京津冀三地物流标准体系建设工作正有序推进，如全面推动标准托盘在商贸物流领域的应用推广和循环共用，带动相关配套设备设施的标准化改造等。北京、天津、石家庄、唐山、邯郸、承德等地陆续入选国家物流标准化试点城市。2016 年 11 月，由物流行业组织牵头，正式成立京津冀物流标准化联盟，借此加强京津冀区域供应链上下游企业对接合作，搭建京津冀地区企业交流与合作平台。

（3）物流园区与物流集聚区建设运营状况。近年来，京津冀三地政府不断加强物流园区和物流基地的建设。具体而言，北京市通过加快顺义空港、通州马驹桥、平谷马坊和大兴京南等物流基地以及十八里店物流中心、西南物流中心等一批物流中心（综合物流区）和配送中心（专业物流区）的规划与建设，形成以物流基地、物流中心为载体，专业物流为特色的多层次节点布局，以及与交通线网有效衔接的物流网络。这些物流基地作为辐射全国乃至国际的重要物流枢纽，主要为本市进出货物的集散与大型厂商在全国及亚太地区采购和分销货物提供物流平台，其功能主要包括内陆口岸功能、交通换载和货物集散功能、流通加工功能以及信息服务和货物配送功能等。

天津市积极推进天津航空物流区、新港北集装箱中心站、北辰陆路港、中新渔港冷链物流基地和无水港建设，建成了一批投资多元、功能集成、特色鲜明的物流园区和物流基地。天津市沿海港形成了天津港散货中心、天津港集装箱中心、开发区保税物流中心等物流园区，沿空港形成了空港国际物流园区、滨海新区综合保税区、滨海中储综合物流园区等物流园区。同时，天津市围绕汽车、钢铁、装备制造等重点产业发展，推动建设了一批专业化物流中心，初步形成了制造业物流服务体系。围绕农产品物流中心区建设，扶持了一批农产品物流枢纽和大型企业冷链物流项目，初步形成了农产品及冷链物流服务体系。以电子商务与快递协同发展为契机，不断完善快递终端配送网络，形成天津空港快递物流园区、武清电子商务快递物流园区和东疆港跨境电子商务快递物流园区三大快递产业集聚区。物流园区的服务功能显著增强，东疆保税港区、滨海新区综合保税区、开发区保税物流中心等多种类型海关特殊监管区的获准设立，实现了海陆空重点物流园区保税物流功能全覆盖。

河北省全力建设的物流园区包括全省邮政物流园区、全省交流物流园区、石家庄国际物流园区、石家庄航空物流园区等。河北省于 2010 年、2013 年先后两次总共认定了 32 家省级物流产业集聚区。其中，唐山的省级物流产业聚集区达到 10 个，居全省各市首位。同时，唐山海港、丰润北方等 19 个首批省级物流聚集区和 7 个环首都现代物流园区的产业集聚态势凸显，正定空港、石家庄内陆港启动保税物流中心建设，为开展国际保税物流业务奠定了基础。

（4）物流企业发展状况。京津冀地区现代物流服务产业链已经基本形成，专业化物流企业也已粗具规模，从事一体化、个性化物流服务的综合性物流企业也逐步成长为京津冀地区现代物流业的重要支撑力量。以天津市为例，截至 2015 年年底，全市共有物流企业 2 万多家，其中规模以上（注册资金 500 万元以上）企业 3 696 家，跨国物流企业 50 多家，国家 A 级物流企业 38 家。

同时，伴随着物流业发展的运营组织及管理控制，京津冀地区物流优势企业进一步集聚。截至 2017 年 1 月，中国物流与采购联合会审批通过的 249 家 5A 级物流企业中京津冀地区的企业总数达 40 家，占比 16%，其中大多数企业为总部设在北京的网络运作型物流企业，且多从事国际物流业务。此外，

2016年中国物流百强企业中，京津冀地区的百强企业共计17家，冀中能源国际物流集团有限公司位列第十。在全国先进物流企业中，北京市有10家，天津市有7家，河北省有19家。

7.2 京津冀地区物流园区规模与区域经济发展关系的验证

在物流园区规模与区域经济发展关系分析中，本书以2006—2014年京津冀地区的相关统计和调研数据为研究样本，进行了实证分析。首先，根据物流园区与区域经济耦合发展的内涵，构建了物流园区与区域经济耦合发展评价指标体系。其次，对各地区物流园区规模与地区经济发展的关联度进行分析。最后，对各地区物流园区规模与地区经济发展水平的协调度进行分析。

7.2.1 物流园区与区域经济耦合发展的评价指标体系

本书通过区域经济与物流园区耦合发展定量测度评价指标体系的构建和评价分析，一方面可以从总体上了解区域经济与物流园区体系耦合发展的状况，另一方面可以通过对区域经济与物流园区耦合因素的分析，找出关键影响因素，进而为促进区域经济与物流园区的协调发展明确优化方向。

7.2.1.1 评价指标体系设置的原则

区域经济系统与物流节点系统都是由众多因子构成的复杂系统，而且这些因子之间相互影响、相互制约。为此，在建立区域经济与物流节点体系耦合发展评价指标体系之前，应该首先明确指标选择的原则。

（1）科学性原则。指标体系必须建立在科学的原则上，能客观、真实地反映各子系统的状态及各子系统的主要特征、发展水平和内在机制，体现区域经济与物流节点体系的内涵，并能较好地度量研究目标的实现程度。

（2）数据可获取性原则。区域经济与物流节点体系耦合发展的定量分析是基于数据进行的，而我国物流业起步较晚，统计数据缺乏，所以在指标体系选取中一定要考虑所使用的指标与现实数据之间的一一对应，即通过调查、统计等方法可以获取指标数据。

（3）整体性原则。由于系统是一个有机整体，评价指标应该能够真实反映系统的综合状态，在评价指标的选取中，必须使评价目标和评价指标有机地联系起来，组成一个层次分明的整体，这样才能保证评估结果的真实可靠①。

（4）独立性原则。区域经济系统和物流节点体系均有众多衡量因素，且这些因素之间都具有一定的关联性，在指标的选取过程中，要避免重复、意义交叉，保证每个指标都具有一定代表性，能单独反映各子系统某一方面的属性或状态。

（5）可操作性原则。考虑到指标的定量化、建模的复杂性以及数据的可获得性，建立的指标体系应该简明清晰，容易操作并易于理解。尽量利用现有统计资料，在尽可能简明的前提下，挑选一些易于计算、容易取得并且能够很好地反映区域经济发展与物流节点体系建设实际情况的指标，使所构建的指标具有较强的可操作性，从而有可能在信息不完备的情况下对区域经济与物流节点体系耦合发展做出最客观的衡量与评价。

7.2.1.2 评价指标体系的构成

根据物流园区与区域经济协调发展相关理论，本书在结合前人研究经验并征求专家意见的基础上，构建了区域经济与物流园区耦合发展指标体系，如表 7–13 所示。

表 7–13 区域经济与物流园区耦合发展评价指标体系

指　　标	一级指标	二级指标
区域经济水平	社会再生产水平	全社会固定资产投资总额
	产业结构类	第一产业增加值
		第二产业增加值
		第三产业增加值
	国内和国际贸易类	社会消费品零售总额
		进出口贸易总额

① 马彦林，刘建平．现代城市管理学［M］．北京：科学出版社，2003.

续表

指　　标	一级指标	二级指标
物流园区规模	物流节点类	物流节点数量
		物流节点内企业数量
	物流业 固定资产投资水平	交通运输业固定资产投资
		仓储业固定资产投资
		邮政业固定资产投资
	路网类	公路营业里程
		铁路营业里程
		水路营业里程
		航空营业里程
		管道运输里程
		公路网密度
		铁路网密度
	物流园区处理能力	货运量
		货物周转量

资料来源：笔者根据相关研究整理。

（1）区域经济发展水平衡量指标。社会再生产水平指标，主要用全社会固定资产投资额度衡量，它是规划建设物流园区的必要基础性条件，是社会固定资产再生产的主要手段，为调整经济结构，增强经济实力，改善人民物质文化生活创造了物质条件。通常其投资额越大，代表区域物流服务需求水平及供给能力越强，这将为高层次物流园区的布局规划建设创造良好的物质条件。

产业结构类指标，包括第一、第二、第三产业增加值。物流园区同现代物流业一样是经济发展到一定阶段的产物，因此，区域经济发展水平是物流园区规划的重要宏观环境条件，反映了区域物流的需求程度，是物流园区层次划分的主要指标。但是国民经济各产业和部门对物流服务的需求是不同的，构建产业结构类指标，是要在区分三次产业的基础上，探寻各产业与物流园区规模的关系大小。

物流园区与其所在地的经济贸易发展水平有密切的关系，经济贸易发展水平高的地区客观上对物流园区的需求较高。国内和国际贸易类指标主要包括社会消费品零售总额和进出口贸易总额两个二级指标。社会消费品零售总额指标反映了一定时期内人民物质文化生活水平的提高情况、社会商品购买力的实现程度以及零售市场的发展规模状况。国民经济各行业通过多种渠道向居民和社会集团供应销售的生活消费品，均需要通过物流服务得以实现，其规模大小对于建设不同层次的物流园区具有重要影响。通常其指标值越大，表明该地区商业物流需求潜力越大，从而对物流园区提出更高层次的要求。进出口贸易总额指标用以考察一个地区的对外贸易总规模，通常其指标值越大，说明对外贸易规模越大，从而对物流服务尤其是国际物流服务需求越大。

（2）物流园区发展水平衡量指标。物流园区类指标，主要包括物流园区数量及物流园区内企业数量，它们是构成区域物流园区体系的基本单元，其数量在一定程度上反映了区域物流市场的大小及物流供给能力。

物流业固定资产投资水平指标，主要包括交通运输业、仓储业及邮政业固定资产投资，投资水平的高低对于物流节点的建设规模具有直接的影响。

路网类指标，主要包括公路、铁路、水运、航空及管道五种运输路径的发展现状以及公路网密度和铁路网密度，其中，营业总里程从绝对量上反映了物流线路网络的规模，但其忽略了国土面积的影响，而路网密度指标则从相对角度进行了度量。路网类指标决定了地区交通运输区位优势，是物流节点功能能否充分发挥的关键影响因素。通常，若一个地区具有便利的交通运输条件、完备的交通基础设施以及较强的协调综合运输能力，则说明该地区具备较高的物流供给服务水平，从而能够吸引更多的物流企业进驻，有利于增大物流节点的规模。

物流园区处理能力指标，主要包括货运量和货物周转量，它们能用来衡量一个地区货物运输的总体规模，并能从一个侧面表明物流运输市场的需求供给状况，通常具有较大规模运输量的地区对物流节点的完善程度要求较高。

在实际的分析过程中，受数据可得性的限制，我们将一些指标进行了合并和简化。例如，因为在统计年鉴中未分类区分交通运输业、仓储业和邮政业的固定资产投资，所以本书将物流业固定资产投资的三项指标合并为一项。此外，路网类指标中仅采用公路营业里程、铁路营业里程、公路网密度和铁路网密度四个指标，因为公路和铁路运输方式为两种主要的运输方式。据统计，2015 年北京市和天津市公路、铁路两种主要运输方式占货运量比重分别为 86.28% 和 79.17%[①]，水路、航空及管道运输据点份额较小，故以公路及铁路营业里程来代替路网类指标。

7.2.2 京津冀地区物流园区与经济发展关联度分析

在物流园区规模与区域经济发展关联度分析中，首先涉及的是物流园区规模与区域经济发展衡量指标的确定，本着科学性、实用性、完整性及数据可得性原则，本书最终确立了以下指标。

物流园区规模衡量指标主要包括：一是物流节点类指标，主要包括物流园区数量 X_1（个）、物流园区内企业数量 X_2（个）；二是物流业固定资产投资水平类指标 X_3（亿元），主要包括交通运输业、仓储业和邮政业固定投资；三是路网类指标，主要包括公路营业里程 X_4（公里）、铁路营业里程 X_5（公里）、公路网密度 X_6（公里 / 平方公里）、铁路网密度 X_7（公里 / 平方公里）；四是物流网络处理能力指标：主要包括货运量 X_8（万吨）、货物周转量 X_9（亿吨公里）。

区域经济发展水平衡量指标包括：一是社会再生产水平指标，主要包括全社会固定资产投资总额 Y_1（亿元）；二是产业结构类指标，主要包括第一产业产值 Y_2（亿元）、第二产业产值 Y_3（亿元）和第三产业产值 Y_4（亿元）；三是国内和国际贸易类指标，主要包括社会消费品零售总额 Y_5（亿元）、进出口总额 Y_6（亿美元）。

（1）北京市物流园区与经济发展关联度分析。北京市经济发展水平各衡量指标数据均由国家统计局网站统计数据整理。物流园区规模衡量指标中，固定资产投资水平类指标、路网类指标和物流网络处理能力指标也由国家统计局网站统计数据整理。

① 本书根据《北京统计年鉴（2016）》和《天津统计年鉴（2016）》相关数据计算。

根据《北京市十一五时期物流业发展规划》可知，在 2004 年以前已经存在 13 个物流节点，并且在 2006—2010 年规划建设物流基地、物流中心（综合物流区）和配送中心（专业物流区）三个层次的节点共计 32 个（6+9+17），以形成不同功能的物流节点在空间上的相对集聚。因此，我们取 2004 年物流园区数量为 13 个，2010 年物流园区数量为 32 个，其余年份按照平均增长法计算。

物流园区内企业数量，由于统计数据的缺失，该项指标拟采用交通运输业、仓储业和邮政业法人活动单位数，根据《北京市第一次、第二次和第三次全国经济普查主要数据公报（第三号）》可知，2004 年年底、2008 年年底和 2013 年年底北京市交通运输、仓储和邮政业独立核算的法人单位数分别为 4 594 个、6 022 个和 1.4 万个，其余年份数据按照平均增长法计算。

本书采用 2006—2014 年数据，依据公式（6.1）和公式（6.2）计算得出北京市物流园区规模各衡量指标与区域经济发展水平各衡量指标的关联矩阵，如表 7–14 所示。由于数据规模较大，本书略去详细的计算过程，原始数据见附录表 A1 和表 A2。

表 7–14　北京市物流园区规模与经济发展关联度分析结果

指标	Y_1	Y_2	Y_3	Y_4	Y_5	Y_6	$\overline{Y_i}$	排序
X_1	0.87	0.67	0.83	0.91	0.93	0.81	0.84	1
X_2	0.77	0.88	0.76	0.70	0.71	0.68	0.75	3
X_3	0.71	0.62	0.66	0.66	0.67	0.69	0.67	4
X_4	0.68	0.73	0.68	0.64	0.65	0.64	0.67	4
X_5	0.65	0.74	0.66	0.62	0.62	0.62	0.65	7
X_6	0.68	0.73	0.68	0.64	0.65	0.64	0.67	4
X_7	0.65	0.74	0.66	0.62	0.62	0.62	0.65	7
X_8	0.57	0.55	0.56	0.57	0.56	0.60	0.57	9
X_9	0.80	0.84	0.85	0.71	0.73	0.72	0.77	2
$\overline{X_i}$	0.71	0.72	0.71	0.67	0.68	0.67		
排序	2	1	2	5	4	5		

资料来源：笔者研究整理。

表 7-14 中，物流园区规模 9 个指标与区域经济发展水平 6 个指标之间的关联度值介于 0.55 和 0.93 之间。对于物流园区数量指标，区域经济发展水平各指标中第一产业产值、第二产业产值和进出口总额与其关联度中等，全社会固定资产投资与其关联度较强，而其余各指标与其关联度极强，其中，社会消费品零售总额最高。对于物流园区内企业数量指标，区域经济发展水平各指标中第一产业产值与其关联度极强，其余各指标与其关联度均较强。对于物流业固定资产投资水平指标，区域经济发展水平各指标中第一产业产值与其关联度为中等，其余各指标与其关联度较强，其中，全社会固定资产投资最高。对于公路营业里程指标，区域经济发展水平各指标中第三产业产值和进出口总额与其关联度为中等，其余各指标与其关联度较强，其中，第一产业产值最高。对于铁路营业里程指标，区域经济发展水平各指标中第三产业产值、社会消费品零售总额和进出口总额与其关联度为中等，其余各指标与其关联度较强，其中，第一产业产值最高。对于公路网密度指标，区域经济发展水平各指标中第三产业产值和进出口总额与其关联度为中等，其余各指标与其关联度较强，其中，第一产业产值最高。对于铁路网密度指标，区域经济发展水平各指标中第三产业产值、社会消费品零售总额和进出口总额与其关联度为中等，其余各指标与其关联度均较强，其中，第一产业产值最高。对于货运量指标，区域经济发展水平各指标与其关联度均处于中等水平，其中，进出口总额最高。对于货物周转量指标，区域经济发展水平各指标与其关联度均较强，其中，第二产业产值最高。就平均值而言，区域经济发展水平各衡量指标与物流园区规模的关联度均值分别为 0.71，0.72，0.71，0.67，0.68，0.67，可见，第一产业产值（0.72）> 第二产业产值（0.71）= 全社会固定投资总额（0.71）> 社会消费品零售总额（0.68）> 第三产业产值（0.67）= 进出口贸易总额（0.67），因此，得出结论 1。

结论 1：北京市物流园区规模总体与经济发展水平各衡量指标关联度较强，区域经济发展对物流园区规模主要的胁迫因素包括第一产业产值、第二产业产值、全社会固定投资总额和社会消费品零售总额。

表 7-14 中，对于全社会固定资产投资指标，物流园区规模各指标中货运量与其关联度中等，其余各指标与其关联度均较强，其中，物流园区数

量最高。对于第一产业产值指标，物流园区规模各指标中物流业固定资产投资水平和货运量与其关联度为中等，物流园区内企业数量与其关联度极强，其余各指标与其关联度均处于较强水平。对于第二产业产值指标，物流园区规模各指标中货运量与其关联度为中等，其余各指标与其关联度均较强，其中，货物周转量最高。对于第三产业产值指标，物流园区规模各指标中物流园区数量与其关联度极强，物流园区内企业数量、物流业固定资产投资水平和货物周转量与其关联度较强，其余指标与其关联度为中等。对于社会消费品零售总额指标，物流园区规模各指标中物流园区数量与其关联度极强，铁路营业里程、铁路网密度和货运量与其关联度中等，其余指标与其关联度均较强。对于进出口贸易总额指标，物流园区规模各指标中物流园区数量、物流园区内企业数量、物流业固定资产投资水平和货物周转量与其关联度较强，其余各指标与其关联度均处于中等水平。就平均值而言，物流园区规模各衡量指标与区域经济发展水平关联度均值分别为0.84，0.75，0.67，0.67，0.65，0.67，0.65，0.57，0.77。可见，物流园区数量（0.84）>货物周转量（0.77）>物流园区内企业数量（0.75）>物流业固定资产投资（0.67）=公路营业里程（0.67）=公路网密度（0.67）>铁路营业里程（0.65）=铁路网密度（0.65）>货运量（0.57），因此，得出结论2。

结论2：北京市经济水平受物流园区规模各衡量指标的约束较强，其中，物流园区规模对北京市经济发展主要胁迫因素包括物流园区数量、货物周转量、物流园区内企业数量等，而货运量对北京市经济发展水平的胁迫性较弱。

（2）天津市物流园区与经济发展关联度分析。天津市经济发展水平各衡量指标数据均由国家统计局网站统计数据整理。物流园区规模衡量指标中，固定资产投资水平类指标、路网类指标和物流网络处理能力指标也由国家统计局网站统计数据整理。

根据《天津市现代物流业发展十二五规划》，在“两带三区双环”的物流空间规划布局结构下，各区内部现有的物流园区、在建的物流园区和拟建的物流园区数量如表7–15所示。可知，截至2010年天津市现有和在建的物流园区共计46个。此外，由于缺乏相关统计数据，仅知2004年有7个标志性的物流园区节点，天津市“十五”期间将建 12 个物流中心、两大物流园区等[①]，其余年度采用平均增长法计算。

表 7–15 天津市各聚集区物流园区数量

	现有数量（个）	在建数量（个）	拟建数量（个）
沿海物流发展带	3	8	2
京津物流发展带	1	8	4
北部物流聚集区	2	4	2
西部物流聚集区	0	5	2
南部物流聚集区	0	5	2
双城区物流配送环	8	2	1

资料来源：笔者根据《天津市现代物流业发展十二五规划》相关数据整理。

物流园区内企业数量，由于统计数据的缺失，该项指标拟采用交通运输业、仓储业和邮政业法人活动单位数，根据《天津市第一次、第二次和第三次全国经济普查主要数据公报》可知，2004 年年底、2008 年年底和 2013 年年底天津市交通运输、仓储和邮政业独立核算的法人单位数分别为 3 827 个、7 416 个和 10 247 个，其余年份数据按照平均增长法计算。

物流园区规模的衡量指标和区域经济发展水平的衡量指标采用 2006—2014 年数据，详见附录表 A3 和表 A4。本书依据公式（6.1）和公式（6.2）计算得出物流园区规模各衡量指标与区域经济发展水平各衡量指标的关联矩阵，如表 7–16 所示。

表 7–16 天津市物流园区规模与经济发展关联度分析结果

指标	Y_1	Y_2	Y_3	Y_4	Y_5	Y_6	$\overline{Y_i}$	排序
X_1	0.82	0.67	0.90	0.88	0.95	0.64	0.81	1
X_2	0.69	0.80	0.81	0.74	0.80	0.80	0.77	2
X_3	0.85	0.64	0.74	0.84	0.79	0.61	0.74	3
X_4	0.63	0.90	0.70	0.67	0.71	0.74	0.73	4
X_5	0.58	0.85	0.67	0.64	0.66	0.76	0.69	6

① 数据来源：通创物流咨询有限公司课题组 . 中国物流园区发展模式[M]. 北京：中国物资出版社 ,2004.

续表

指标	Y_1	Y_2	Y_3	Y_4	Y_5	Y_6	$\overline{Y}_i$	排序
X_6	0.63	0.90	0.70	0.67	0.71	0.74	0.73	4
X_7	0.58	0.85	0.67	0.64	0.66	0.76	0.69	6
X_8	0.57	0.74	0.60	0.62	0.62	0.63	0.63	8
X_9	0.47	0.58	0.50	0.52	0.50	0.52	0.51	9
$\overline{X}_i$	0.65	0.77	0.70	0.69	0.71	0.69		
排序	6	1	3	4	2	4		

资料来源：笔者研究整理。

表 7-16 中，物流园区规模 9 个指标与区域经济发展水平 6 个指标之间的关联度值介于 0.47 和 0.95 之间。对于物流园区数量指标，区域经济发展水平各指标中第二产业产值和社会消费品零售总额与其关联度极强，进出口总额与其关联度为中等，其余各指标与其关联度较强。对于物流园区内企业数量指标，区域经济发展水平各指标均与其关联度较强，其中，第二产业产值最高。对于物流业固定资产投资水平指标，区域经济发展水平各指标中进出口总额与其关联度为中等，其余各指标与其关联度均较强，其中，全社会固定资产投资最高。对于公路营业里程指标，区域经济发展水平各指标中第一产业产值与其关联度极强，全社会固定资产投资与其关联度为中等，其余各指标与其关联度较强。对于铁路营业里程指标，区域经济发展水平各指标中全社会固定资产投资和第三产业产值与其关联度为中等，其余各指标与其关联度均较强，其中，第一产业产值最高。对于公路网密度指标，区域经济发展水平各指标中第一产业产值与其关联度极强，全社会固定资产投资关联度中等，其余各指标与其关联度均较强。对于铁路网密度指标，区域经济发展水平各指标中全社会固定资产投资和第三产业产值与其关联度为中等，其余各指标与其关联度均较强，其中第一产业产值最高。对于货运量指标，区域经济发展水平各指标中第一产业产值与其关联度较强，其余指标与其关联度均为中等。对于货物周转量指标，区域经济发展水平各指标与其关联度均为中等，其中，第一产业产值最高。就平均值而言，区域经济发展水平各衡量指标与物流园区规模的关联度均值分别

为 0.65，0.77，0.70，0.69，0.71，0.69，可见，第一产业产值（0.77）> 社会消费品零售总额（0.71）> 第二产业产值（0.70）> 第三产业产值（0.69）= 进出口总额（0.69）> 全社会固定投资总额（0.65），因此，得出结论 3。

结论 3：天津市物流园区规模总体与经济发展水平各衡量指标关联度较强，天津市经济发展对物流园区规模主要的胁迫因素包括第一产业产值、社会消费品零售总额、第二产业产值、第三产业产值和进出口总额。

表 7-16 中，对于全社会固定资产投资指标，物流园区规模各指标中物流园区数量、物流园区内企业数量和物流业固定资产投资与其关联度较强，其余各指标与其关联度均处于中等水平。对于第一产业产值指标，物流园区规模各指标中公路营业里程和公路网密度与其关联度极强，物流园区数量、物流园区内企业数量、铁路营业里程、铁路网密度和货运量与其关联度较强，其余各指标与其关联度均为中等。对于第二产业产值指标，物流园区规模各指标中物流园区数量与其关联度极强，货运量和货物周转量与其关联度处于中等水平，其余各指标与其关联度均较强。对于第三产业产值指标，物流园区规模各指标中物流园区数量与其关联度极强，物流园区内企业数量、物流业固定资产投资、公路营业里程和公路网密度与其关联度较强，其余各指标与其关联度均处于中等水平。对于社会消费品零售总额指标，物流园区规模各指标中物流园区数量与其关联度极强，货运量和货物周转量与其关联度处于中等水平，其余各指标与其关联度均较强。对于进出口贸易总额指标，物流园区规模各指标中物流园区数量、物流业固定资产投资水平、货运量和货物周转量与其关联度处于中等水平，其余各指标与其关联度均较强，其中，物流园区内企业数量最高。就平均值而言，物流园区规模各衡量指标与区域经济发展水平关联度均值分别为 0.81，0.77，0.74，0.73，0.69，0.73，0.69，0.63，0.51。可见，物流园区数量（0.81）> 物流园区内企业数量（0.77）> 物流业固定资产投资（0.74）> 公路营业里程（0.73）= 公路网密度（0.73）> 铁路营业里程（0.69）= 铁路网密度（0.69）> 货运量（0.63）> 货物周转量（0.51），因此，得出结论 4。

结论 4：天津市经济发展水平受物流园区规模各衡量指标的约束较强，其中，物流园区规模对天津市经济发展主要胁迫因素包括物流园区数量、物流园区内企业数量和物流业固定资产投资等，而货物周转量对天津市经济发展水平的胁迫性较弱。

（3）河北省物流园区与经济发展关联度分析。河北省经济发展水平各衡量指标数据均由国家统计局网站统计数据整理。物流园区规模衡量指标中，固定资产投资水平类指标、路网类指标和物流网络处理能力指标也由国家统计局网站统计数据整理。

河北省物流园区数量以《河北省现代物流业规划（2006—2010）》中规划“2010 年建设十大物流园区和三十大专业物流（配送）项目”为依据，取“10+30”为 2010 年数据，而根据调研数据可知，2008 年河北省各层次的物流聚集区（物流园区）有 28 个。

由于统计数据的缺失，物流园区内企业数量指标拟采用交通运输业、仓储业和邮政业法人活动单位数，根据《河北省第一次、第二次和第三次全国经济普查主要数据公报》可知，2004 年底、2008 年底和 2013 年底河北省交通运输、仓储和邮政业独立核算的法人单位数分别为 1 894 个、4 394 个和 8 901 个，其余年份数据按照平均增长法计算。

河北省物流园区规模的衡量指标和区域经济发展水平的衡量指标采用 2006—2014 年数据，详见附录表 A5 和表 A6。本书根据公式（6.1）和公式（6.2）计算得出物流园区规模各衡量指标与区域经济发展水平各衡量指标的关联矩阵，如表 7–17 所示。

表 7–17　河北省物流园区规模与经济发展关联度分析结果

指标	Y_1	Y_2	Y_3	Y_4	Y_5	Y_6	$\overline{Y_i}$	排序
X_1	0.86	0.62	0.64	0.72	0.81	0.73	0.73	3
X_2	0.67	0.86	0.83	0.87	0.80	0.75	0.80	1
X_3	0.78	0.57	0.62	0.69	0.75	0.71	0.69	5
X_4	0.53	0.59	0.56	0.58	0.59	0.58	0.57	6
X_5	0.48	0.60	0.54	0.54	0.52	0.50	0.53	8
X_6	0.53	0.59	0.56	0.58	0.59	0.58	0.57	6
X_7	0.48	0.60	0.54	0.54	0.52	0.50	0.53	8

续表

指标	Y_1	Y_2	Y_3	Y_4	Y_5	Y_6	$\overline{Y}_i$	排序
X_8	0.72	0.77	0.78	0.83	0.84	0.71	0.78	2
X_9	0.62	0.85	0.72	0.75	0.69	0.70	0.72	4
$\overline{X}_i$	0.63	0.67	0.64	0.68	0.68	0.64		
排序	6	3	4	1	1	4		

资料来源：笔者研究整理。

由表 7-17 可知，物流园区规模 9 个指标与区域经济发展水平 6 个指标之间的关联度值介于 0.48 和 0.87 之间。对于物流园区数量指标，区域经济发展水平各指标中全社会固定资产投资总额与其关联度为极强，第一产业产值和第二产业产值与其关联度为中等，其余各指标与其关联度较强。对于物流园区内企业数量指标，区域经济发展水平各指标中第一产业产值和第三产业产值与其关联度极强，其余各指标与其关联度均极强。对于物流业固定资产投资水平指标，区域经济发展水平各指标中第一产业产值和第二产业产值与其关联度为中等，其余各指标与其关联度均较强，其中，全社会固定资产投资最高。对于公路营业里程指标，区域经济发展水平各指标与其关联度均处于中等水平，其中，第一产业产值和社会消费品零售总额最高。对于铁路营业里程指标，区域经济发展水平各指标与其关联度均处于中等水平，其中，第一产业产值最高。对于公路网密度指标，区域经济发展水平各指标与其关联度均处于中等水平，其中，第一产业产值和社会消费品零售总额最高。对于铁路网密度指标，区域经济发展水平各指标与其关联度均处于中等水平，其中第一产业产值最高。对于货运量指标，区域经济发展水平各指标与其关联度均较强，其中社会消费品零售总额最高。对于货物周转量指标，区域经济发展水平各指标中全社会固定资产投资与其关联度为中等，其余各指标与其关联度均较强，其中，第一产业产值最高。就平均值而言，区域经济发展水平各衡量指标与物流园区规模的关联度均值分别为 0.63，0.67，0.64，0.68，0.68，0.64，可见，第三产业产值（0.68）= 社会消费品零售总额（0.68）> 第一产业产值（0.64）> 第二产业产值（0.64）= 进出口总额（0.64）> 全社会固定投资总额（0.63），因此，得出结论 5。

结论 5：河北省物流园区规模总体与经济发展水平各衡量指标关联度均处于中等及以上水平，河北省经济发展对物流园区规模主要的胁迫因素包括第三产业产值、社会消费品零售总额、第一产业产值、第二产业产值和进出口总额。

表 7–17 中，对于全社会固定资产投资指标，物流园区规模各指标中物流园区数量、物流园区内企业数量、物流业固定资产投资和货运量与其关联度较强，其余各指标与其关联度处于中等水平。对于第一产业产值指标，物流园区规模各指标中物流园区内企业数量与其关联度极强，货运量和货物周转量与其关联度为中等，其余各指标与其关联度均处于中等水平。对于第二产业产值指标，物流园区规模各指标中物流园区内企业数量、货运量和货物周转量与其关联度较强，其余各指标与其关联度处于中等水平。对于第三产业产值指标，物流园区规模各指标中物流园区数量、物流园区内企业数量、物流业固定资产投资、货运量和货物周转量与其关联度均较强，其余各指标与其关联度中等。对于社会消费品零售总额指标，物流园区规模各指标中物流园区数量、物流园区内企业数量、物流业固定资产投资、货运量和货物周转量与其关联度较强，其余各指标与其关联度均处于中等水平。对于进出口贸易总额指标，物流园区规模各指标中物流园区数量、物流园区内企业数量、物流业固定资产投资、货运量和货物周转量与其关联度较强，其余各指标与其关联度均处于中等水平。就平均值而言，物流园区规模各衡量指标与区域经济发展水平关联度均值分别为 0.73，0.80，0.69，0.57，0.53，0.57，0.53，0.78，0.72。可见，物流园区内企业数量（0.80）> 货运量（0.78）> 物流园区数量（0.73）> 货物周转量（0.72）> 物流业固定资产投资（0.69）> 公路营业里程（0.57）= 公路网密度（0.57）> 铁路营业里程（0.53）= 铁路网密度（0.53），因此，得出结论 6。

结论 6：河北省经济水平受物流园区规模各衡量指标的约束均较强，其中物流园区规模对河北省经济发展主要胁迫因素包括物流园区内企业数量、货运量、物流园区数量和货物周转量等。

对比结论 1、结论 3 和结论 5 可知，京津冀内部各地区经济发展各衡量指标对物流园区规模的胁迫及影响程度有较大的相似性，如第一产业和社会消费品零售总额对北京市、天津市和河北省的物流园区规模影响作用均排在前列。但同时各地区经济发展的指标对物流园区规模的影响也存在差异，如与北京市和天津市不同，河北省排名前四位的影响指标中没有社会消费品零售总额。此外，与北京市不同的是，天津市作为我国北方国际航运中心和国际物流中心，其所承担的进出口贸易较多，所以进出口贸易总额对地区内物流园区的需求程度较高。对比结论 2、结论 4 和结论 6 可知，京津冀内部各地区物流园区规模的衡量指标对区域经济发展的主要胁迫因素包括物流园区数量和物流园区内企业数量等。此外，由分析结果可知，同一指标在不同地区对区域经济发展的胁迫作用有所区别，例如，北京市和河北省的货物周转量均与区域经济发展有较强的关联，而天津市货物周转量与区域经济发展的关联性却处于中等水平。

7.2.3 京津冀地区物流园区与经济发展协调度分析

7.2.3.1 北京市物流园区与经济发展协调度分析

（1）指标权重确定。本书根据公式（6.3）、公式（6.4）、公式（6.5）对北京市经济发展水平和物流园区规模各指标进行权重分析，得出表 7–18 和表 7–19。

表 7–18 北京市经济发展水平各衡量指标权重

指标	Y_1	Y_2	Y_3	Y_4	Y_5	Y_6
权重	0.124 1	0.061 6	0.116 6	0.239 7	0.235 6	0.222 4

资料来源：笔者研究整理。

表 7–19 北京市物流园区规模各衡量指标权重

指标	X_1	X_2	X_3	X_4	X_5	X_6	X_7	X_8	X_9
权重	0.248 8	0.394 8	0.182 2	0.001 5	0.010 2	0.001 4	0.011 2	0.070 7	0.079 2

资料来源：笔者研究整理。

（2）历年经济发展水平和物流网络水平计算。在指标权重确定的基础上，根据公式（6.1）和公式（6.6），计算各年度评价对象对于理想对象的灰色加权关联度，即为各年度经济发展水平或物流网络水平的数据，如表 7-20 和图 7-1 所示。

表 7-20 北京市各年经济发展水平和物流园区规模计算结果

年份	2006	2007	2008	2009	2010	2011	2012	2013	2014
经济发展水平	0.40	0.46	0.55	0.57	0.70	0.81	0.88	0.95	0.99
物流园区规模	0.48	0.47	0.51	0.58	0.68	0.78	0.85	0.92	1.00

资料来源：笔者研究整理。

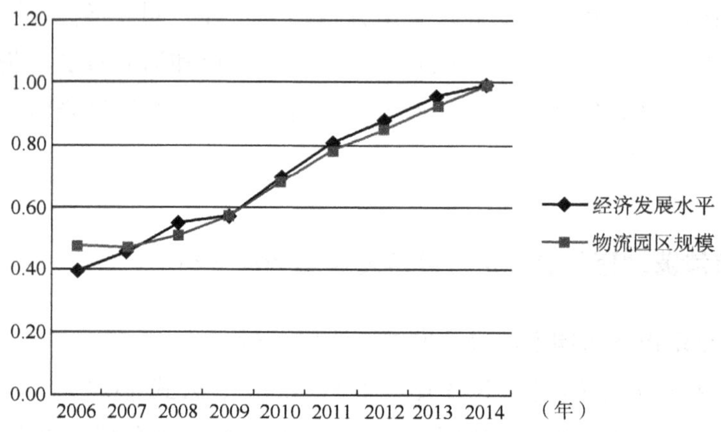

图 7-1 北京市各年经济发展水平和物流园区规模增长示意图

资料来源：笔者研究整理。

由图 7-1 可以看出，2006—2014 年，北京市经济发展和物流园区规模均呈现上升趋势，且区域经济增长速度略高于物流园区规模增长速度。

（3）北京市经济发展水平与物流园区规模协调性分析。将北京市经济发展水平与物流园区规模数据代入公式（6.7）和公式（6.8），计算得出经济发展水平与物流园区规模的距离协调度和变化协调度，如表 7-21 和图 7-2 所示。

表 7-21 北京市物流园区规模与经济发展协调度分析

年份	2006	2007	2008	2009	2010	2011	2012	2013	2014
距离协调度	0.99	1.00	1.00	1.00	1.00	1.00	1.00	1.00	1.00
变化协调度	0.43	0.47	0.53	0.58	0.69	0.79	0.86	0.94	1.00

资料来源：笔者研究整理。

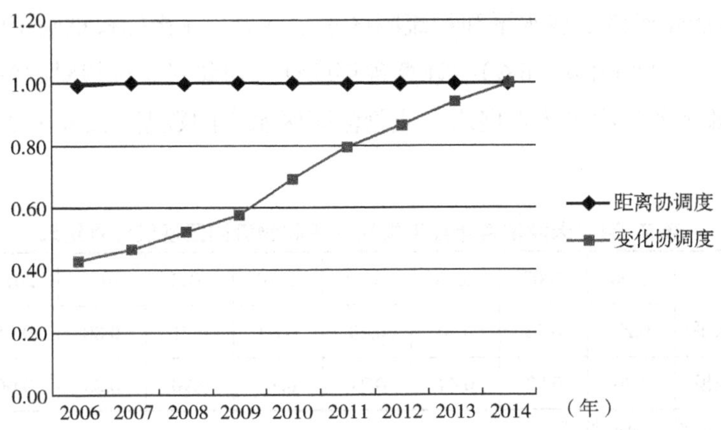

图 7-2 北京市物流园区规模与经济发展协调度示意图

资料来源：笔者研究整理。

结论 7：2006—2014 年，北京市物流园区规模与经济发展水平的距离协调度呈现较高水平，说明物流园区体系与区域经济发展系统耦合度较高。其中，变化协调度更能综合反映物流园区规模和经济发展水平从小到大、从低到高的波动发展过程，如 2009 年，变化协调度出现了短暂的降低趋势。总体而言，协调度均已超过 0.85，达到极高水平。

7.2.3.2 天津市物流园区与经济发展协调度分析

（1）指标权重确定。本书根据公式（6.3）、公式（6.4）、公式（6.5）对天津市经济发展水平和物流园区规模各指标进行权重分析，得出表 7-22 和表 7-23。

表 7-22 天津市经济发展水平各衡量指标权重

指标	Y_1	Y_2	Y_3	Y_4	Y_5	Y_6
权重	0.288 8	0.046 3	0.149 3	0.259 6	0.171 5	0.084 5

资料来源：笔者研究整理。

表 7-23 天津市物流园区规模各衡量指标权重

指标	X_1	X_2	X_3	X_4	X_5	X_6	X_7	X_8	X_9
权重	0.239 7	0.076 2	0.129 0	0.026 8	0.025 8	0.026 8	0.019 5	0.019 1	0.437 2

资料来源：笔者研究整理。

（2）历年经济发展水平和物流园区水平计算。在指标权重确定的基础上，利用公式（6.1）和公式（6.6），计算各年度评价对象对于理想对象的灰色加权关联度，即为各年度经济发展水平或物流园区水平的数据，如表 7–24 和图 7–3 所示。

表 7–24　天津市各年经济发展水平和物流园区规模计算结果

年份	2006	2007	2008	2009	2010	2011	2012	2013	2014
经济发展水平	0.27	0.32	0.40	0.48	0.60	0.71	0.80	0.91	1.00
物流园区规模	0.76	0.92	0.44	0.77	0.84	0.90	0.83	0.66	0.72

资料来源：笔者研究整理。

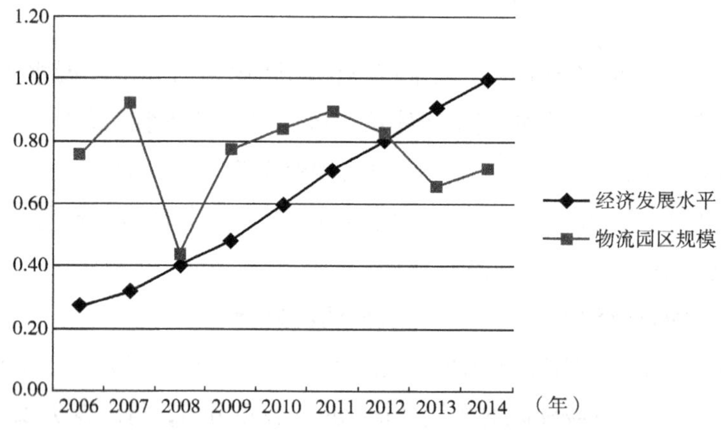

图 7–3　天津市各年经济发展水平和物流园区规模增长示意图

资料来源：笔者研究整理。

由图 7–3 可以看出，2006—2014 年，天津市经济发展呈现持续增长态势，而物流园区规模呈现出两次较大波动，然而这并不代表物流园区和企业数量在减少，而是因为 2008 年全球经济危机影响以及近年来天津水运货运量和货物周转量的大幅下滑。

（3）天津市经济发展水平与物流园区规模协调性分析。将天津市经济发展水平与物流园区规模数据代入公式（6.7）和公式（6.8），可计算得出经济发展水平与物流园区规模的距离协调度和变化协调度，如表 7–25 和图 7–4 所示。

表 7-25 天津市物流园区规模与经济发展协调度分析

年份	2006	2007	2008	2009	2010	2011	2012	2013	2014
距离协调度	0.78	0.76	1.00	0.94	0.97	0.99	1.00	0.97	0.97
变化协调度	0.40	0.47	0.42	0.59	0.70	0.79	0.82	0.76	0.83

资料来源：笔者研究整理。

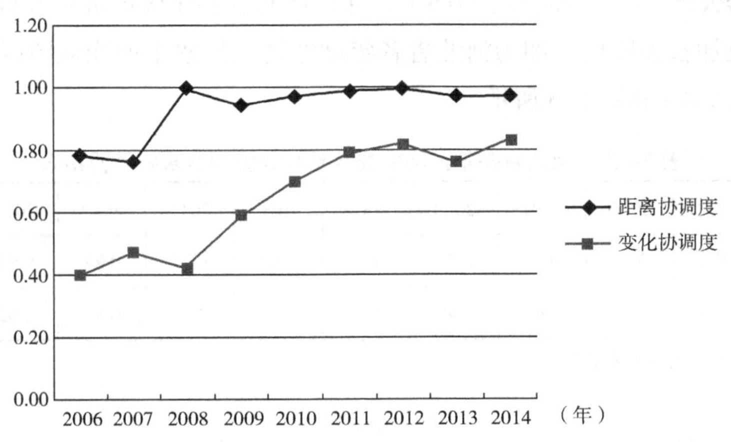

图 7-4 天津市物流园区规模与经济发展协调度示意图

资料来源：笔者研究整理。

结论 8：2006—2014 年，天津市物流园区规模与经济发展水平的距离协调度和变化协调度虽然在 2008 年受金融危机影响有显著波动，但整体处于上升阶段，物流园区体系与区域经济发展系统耦合度明显增大，且协调度一直处于极高水平。

7.2.3.3 河北省物流园区与经济发展协调度分析

（1）指标权重确定。本书根据公式（6.3）、公式（6.4）、公式（6.5）对河北省经济发展水平和物流园区规模各指标进行权重分析，得出表 7-26 和表 7-27。

表 7-26 河北省经济发展水平各衡量指标权重

指标	Y_1	Y_2	Y_3	Y_4	Y_5	Y_6
权重	0.295 5	0.088 6	0.116 4	0.144 2	0.199 3	0.155 9

资料来源：笔者研究整理。

表 7-27　河北省物流园区规模各衡量指标权重

指标	X_1	X_2	X_3	X_4	X_5	X_6	X_7	X_8	X_9
权重	0.257 9	0.217 8	0.153 9	0.009 1	0.020 6	0.008 9	0.000 1	0.174 6	0.157 2

资料来源：笔者研究整理。

（2）历年经济发展水平和物流园区水平计算。在指标权重确定的基础上，本书根据公式（6.1）和公式（6.6），计算河北省各年度评价对象对于理想对象的灰色加权关联度，即为河北省各年度经济发展水平或物流园区水平的数据，如表 7-28 和图 7-5 所示。

表 7-28　河北省各年经济发展水平和物流园区规模计算结果

年份	2006	2007	2008	2009	2010	2011	2012	2013	2014
经济发展水平	0.31	0.38	0.47	0.52	0.63	0.74	0.82	0.91	1.00
物流园区规模	0.37	0.43	0.49	0.56	0.67	0.78	0.87	0.92	0.99

资料来源：笔者研究整理。

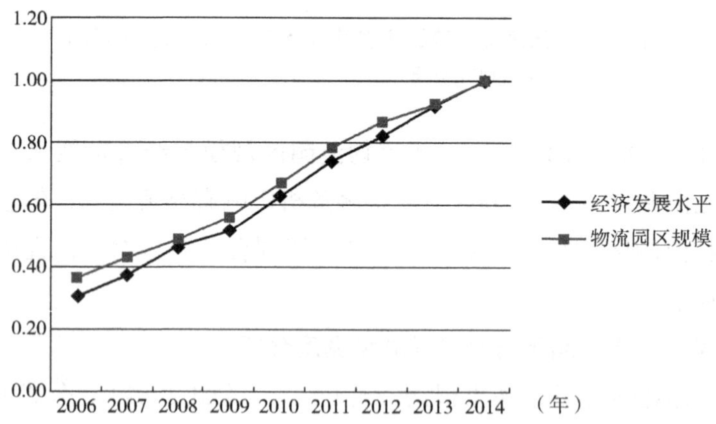

图 7-5　河北省各年经济发展水平和物流园区规模增长示意图

资料来源：笔者研究整理。

由图 7-5 可以看出，2006—2014 年，河北省经济发展和物流园区规模均呈现持续上升趋势，且物流园区规模增长速度略高于区域经济增长速度。

（3）河北省经济发展水平与物流园区规模协调性分析。将河北省经济发展水平与物流园区规模数据代入公式（6.7）和公式（6.8），计算得出经济发展水平与物流园区规模的距离协调度和变化协调度，如表7–29和图7–6所示。

表7–29　河北省物流园区规模与经济发展协调度分析

年份	2006	2007	2008	2009	2010	2011	2012	2013	2014
距离协调度	0.99	1.00	1.00	1.00	1.00	1.00	1.00	1.00	1.00
变化协调度	0.33	0.40	0.48	0.54	0.65	0.76	0.84	0.92	1.00

资料来源：笔者研究整理。

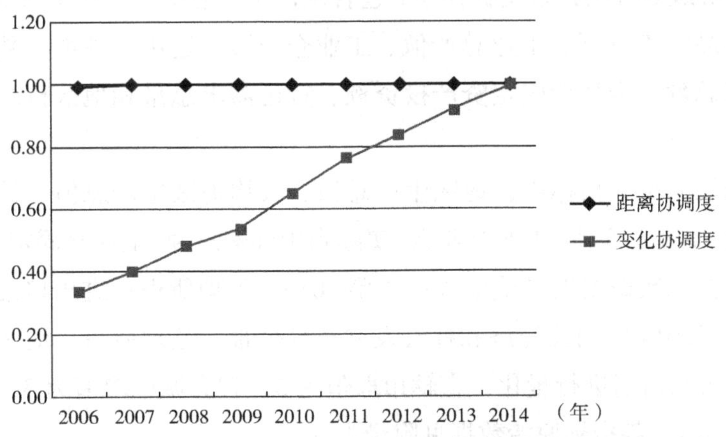

图7–6　河北省物流园区规模与经济发展协调度示意图

资料来源：笔者研究整理。

结论9：2006—2014年，河北省物流园区规模与经济发展水平的距离协调度呈现较高水平，变化协调度均处于上升阶段，说明物流园区体系与区域经济发展系统耦合度明显增强。

7.3　京津冀地区物流园区的空间层次划分

京津冀各地区的经济发展水平、交通运输基础设施建设水平以及政策环境均有所不同，故在物流园区建设方面应该分清主次、顺序铺开，在经济及物流条件较好的地区优先规划和培育较高层次的物流园区，在经济及物流条件相对较差的地区构建较低层次的物流园区。本节将根据前文构建的聚类分析方法，对京津冀地区物流节点的层次进行划分。

7.3.1 数据的获取及聚类分析

7.3.1.1 数据的获取

根据前面对物流园区与区域经济关联度的分析结果，同时考虑到评价的客观性和指标数据的获取，并结合京津冀地区的实际情况，本节构建了物流节点城市等级划分的评价指标体系，包含国内生产总值、人均国内生产总值、社会消费品零售总额、工业总产值、工业企业数、进出口总额（数）、实际利用外资总额、全社会固定资产投资额、货运需求总量和地区行政级别这十个指标。

在选取的十个指标中，地区生产总值、人均地区生产总值、社会消费品零售总额、工业总产值、工业企业数、实际利用外资总额、全社会固定资产投资、货运总量指标数据根据《城市统计年鉴 2015》整理所得；进出口总额（数）根据各市《2014 年国民经济和社会发展统计公报》整理所得；地区属性为定性指标，将其适当进行量化，直辖市取值为 5，省会城市取值为 3，其余地级市取值均为 1，各指标原始数据见附录表 A7。

7.3.1.2 聚类分析

本书所选取的十个指标的量纲和数量级不完全相同，所以首先要对初始数据进行无量纲化处理，即标准化处理，该过程可在 SPSS 软件运行过程中自动实现。由于是对各个地区聚类，故采用 R 型聚类计算过程如下：

第一，采用 Z 标准化方法对十项指标的原始数据进行处理。

第二，采用欧氏距离计算 13 个地区样本之间的距离。

第三，逐次将距离最小的两个样本归并为一类。

经过上述聚类计算步骤，得到聚类结果如图 7–7 所示。

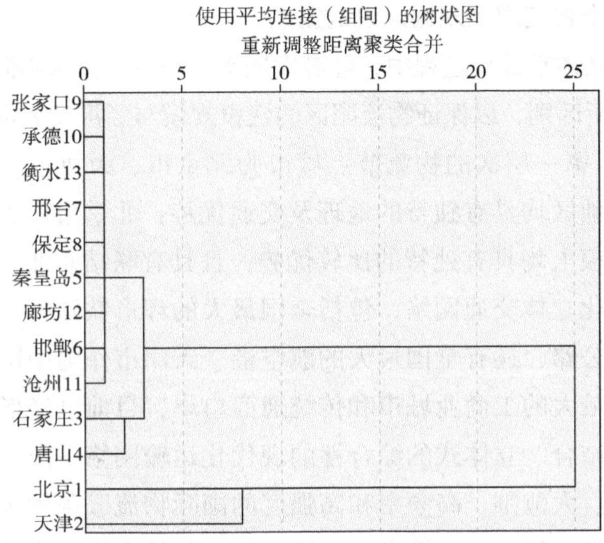

图 7-7 京津冀地区物流园区层次划分聚类分析结果

资料来源：笔者研究整理。

7.3.2 京津冀地区物流园区层次划分及建设重点

7.3.2.1 京津冀地区物流园区层次的划分

由图 7-7 所示的聚类分析结果可知，北京市、天津市的经济及物流业发展水平最高，其物流节点的层次最为明显，在样本中处于领先位置。石家庄市、唐山市的经济及物流业发展水平较高，其物流节点层次较为明显，在样本中处于次领先地位。秦皇岛市、邯郸市、邢台市、保定市、张家口市、承德市、沧州市、廊坊市、衡水市的经济和物流业发展水平基本上处于同一个层次。京津冀地区的物流节点层次分类见表 7-30。

表 7-30 京津冀地区物流节点层次划分

	包含地区
第一层次	北京市、天津市
第二层次	石家庄市、唐山市
第三层次	秦皇岛市、邯郸市、邢台市、保定市、张家口市、承德市、沧州市、廊坊市、衡水市

资料来源：笔者研究整理。

7.3.2.2 各层次物流园区规划建设的重点

在物流园区体系建设过程中，经济发展水平及物流需求不同的地区应该在节点层次上有所区别，以保证物流园区的建设规模与经济发展水平实现均衡。

（1）处于第一层次的物流节点城市为北京市、天津市，其物流需求层次较高，两个地区均具有独特的地理及交通优势：北京市作为首都，在城市人口与经济规模上均具有独特的比较优势，且具有联结东北、华北、西北乃至全国的现代化立体交通网络，包括全国最大的环形铁路枢纽和四通八达的国道以及高速公路，还有全国最大的航空港。天津市作为中国北方最大的沿海开放城市、最大的工商业城市和传统通商口岸，目前已经形成以港口为中心的海陆空相结合、立体式的综合性的现代化运输网络。两个地区均适合构建承担大规模、大范围、高频率和高强度的国际物流服务和区域物流服务，实现港口、机场、陆路口岸等多种运输方式汇集的大型物流转运枢纽物流节点——国际枢纽型物流园区。

（2）处于第二层次的物流节点城市为石家庄市、唐山市，其物流需求层次相对于第一层次较低，在物流节点体系中起着承上启下的作用，是跨区域长途运输和城市配送体系之间的转换枢纽。比较而言，处于该层次的城市适宜建设第二层级的物流节点——区域集散型物流园区，该类型的物流节点规模较大，服务辐射范围较广，其选址多靠近交通枢纽如车站、码头、机场或公路交汇处等。该地区不适宜建设大规模的物流节点，因为超越物流需求水平建设物流节点将带来资源的浪费，不利于区域经济的发展。

（3）处于第三层次的物流节点包含河北省除石家庄市、唐山市之外的九个地级市，其物流需求层次水平最低，主要面向城市内或城市周边商贸生产或城市生活，承担的多为多品种、小批量的单一的物流配送功能，故该层次适宜建设的物流节点为地区配送型物流园区。

7.4 京津冀地区物流园区的空间布局

无论从历史渊源、地理位置、文化背景、政治依存还是经济联系来看，京津冀地区都是休戚与共、共荣共兴的区域共同体。物流业及物流园区空间布局是京津冀协同发展的空间布局在产业上的具体体现，也是优化资源配置，提升区域经济整体竞争力，实现区域经济协同发展的重要基础。

7.4.1 北京市物流园区空间布局的重点

近年来，北京市城市物流网络日臻完善，“三环、五带、多中心”的物流空间格局不断优化，四大物流基地建设加快推进。同时，以航空货运枢纽型为特征的空港物流功能不断加强，马驹桥、马坊物流基地海陆联运体系建设持续加快，京南物流基地公铁联运的服务功能大幅提升。

未来一段时期，有序疏解非首都功能是北京市的一项重要任务，其中涉及一般低端物流业态及配套物流设施的疏解转移，相关物流需求会相应收缩和下降。同时，受空间资源、交通承载、能源环境的现实制约，客观上要求物流业调整发展战略，优化产业结构，创新商业模式，加强区域联动，实现集约式发展。因而，构建“功能匹配、布局合理、集约高效、绿色低碳”的现代城市物流服务体系成为北京市现代物流业发展的总体目标。

基于上述背景，北京市应着力打造“物流基地 + 物流配送中心 + 末端配送网点”的城市物流节点网络，形成功能完备、分工明确、布局合理的多层次物流网络体系。一是着重发挥物流基地对城市运行的服务保障功能，完善和提升四大物流基地配套设施建设，差别化提升、完善物流基地功能，重点发展基于铁路和公路的生活必需品物资供应物流、基于航空的快递物流、基于内陆口岸及空港口岸的跨境物流等服务功能。二是发挥物流配送中心在物流系统集约高效运转中的关键环节作用，合理优化物流配送中心布局，对于现有物流配送中心，要在区分是否属于生活必需品配送保障基础上，有序进行引导和疏散，并逐步规范、升级完善服务功能。三是发展支撑商业活动和市民生活的末端物流，优化末端网点布局，增强城市配送服务能力。加快推动现有物流服务设施的整合利用，鼓励建设集多功能于一体的末端配送网点、共同配送网点等。

7.4.2 天津市物流园区空间布局的重点

未来一段时期，天津市现代物流业将形成以“两大国际物流中心”为核心、以“九大基地”为重要载体、以“城市配送环”为补充的物流空间布局结构。其中：“两大国际物流中心”是指依托海空两港枢纽发展的海港国际物流中心和空港国际物流中心，服务国际物流需求；“九大基地”是指依托武清、宝坻、静海、宁河、蓟县五个区县发展的物流基地及依托西堤头陆路港、唐官屯铁路枢纽、新南仓编组站、太平镇海铁联运站四个货运枢纽节点发展的物流基地，建立服务于区域物流需求的物流产业发展基地；城市配送环是指环中心城区的物流配送环，通过围绕中心城区外环线周边，依托交通节点和产业功能区，建立服务于生产和生活资料配送的城市配送环。天津市物流空间布局结构如图 7–8 所示。

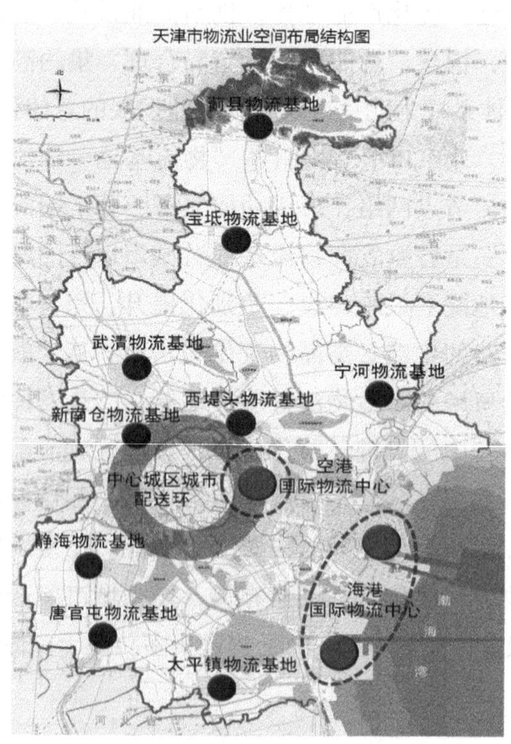

图 7–8 天津市物流空间布局结构示意图

资料来源：《天津市现代物流业发展“十三五”规划》

7.4.3　河北省物流园区空间布局的重点

截至2015年底，河北省已经基本建成与经济发展相适应的“物流枢纽城市—物流园区—专业物流（配送）项目”的多层次、广覆盖的现代物流布局体系，形成了五大物流枢纽城市（石家庄、唐山、廊坊、邯郸、张家口）、十大物流园区和三十大专业物流（配送）项目。其中，物流枢纽城市是指在物流覆盖区域内有突出经济地位和综合优势、物流交换量大、物流企业集中的中心城市，它是物流活动高度密集的区域，也是物流发展的重要节点。物流园区是指有多家物流企业和相关单位在空间上集中布局的场所，具有多功能、高层次、强集散、广辐射等特点，在全省有突出地位的社会化物流节点。专业物流（配送）项目是指依托交通枢纽、生产基地、产业集群和大型商品集散地等进行建设布局，在某专业领域内具有一定综合服务功能的物流企业或物流项目。

随着京津冀协同发展的推进，未来一段时间，河北省物流园区的建设应按照建设沿海经济隆起带和环首都经济圈的总体设想以及物流业“一带两通道”的空间布局要求，引导重大物流资源向沿海、环京津集聚，推动重大物流项目建设，强化“环京津物流产业聚集带”功能，推进京津冀交通运输体系和物流管理一体化运作，加快七个环首都现代物流园区建设，进一步拓宽冀东和冀中南两大物流通道，强化港口的桥头堡作用，加强物流通道节点和物流设施建设，完善区域联动机制，促进物流要素集聚，增强辐射带动能力。

7.5　京津冀地区物流园区规划的保障措施

7.5.1　政府在资金、土地和税收等方面给予适度优惠政策

区域物流园区的规划与构建需要比较完善的、能够均衡区域内部各地区利益的公共服务体系，为区域物流园区一体化提供政策保障。

首先，转变经济区域政府功能观念。区域物流园区一体化需要政府职能由直接干预向公共管理转变。区域内各级政府应加强政策引导，统一物流园

区规划与措施，发挥依法监管和公共服务的职能。以区域物流和物流园区发展整体利益最大化为出发点，认真梳理各地区已有的地方性政策和法规，缩小各地区在税收、土地等特殊优惠政策方面的差异，避免政策性恶性竞争。

其次，发挥政府产业基金资金的聚合、引导和放大功能，各级政府在资金使用方面要给予物流领域诸多优惠政策。除政府直接投资外，还应完善物流业发展专项资金扶持政策，加大对现代物流产业发展基金投入力度，鼓励民间资本进入物流领域。引导银行业金融机构加大对物流企业的信贷支持，针对物流企业特点推动金融产品创新，推动发展新型融资方式。鼓励符合条件的物流企业通过银行贷款、股票上市、发行债券、增资扩股、中外合资等多种方式拓宽融资渠道。

再次，各级政府要针对物流业规划用地制定切实可行的鼓励政策，对纳入规划的物流基地、物流中心、配送中心等重要物流设施建设用地给予重点保障，鼓励物流园区节约使用土地，提高土地使用效率。

最后，采取措施切实减轻物流企业税收负担，认真落实物流业相关税收优惠政策，加大对配送中心、转运中心、货运场站及物流园区的财税支持，减轻企业税费负担。

7.5.2 提升区域物流基础设施互联互通能力

物流基础设施是区域物流系统和物流园区正常运转的必要前提。物流园区之所以能够对区域空间组织起到引导作用，其中一种重要因素就是物流基础设施能够为区域空间组织的拓展和延伸提供物质载体。建设现代物流基础设施，包括公路、铁路、港口、航空等交通基础设施，还涉及通信、互联网等信息基础设施。

首先，要从区域整体利益出发，结合各地区经济发展的需要，科学合理地安排各地区物流基础设施的布局、建设规模与时序，以实现区域内各地区间交通、信息等物流基础设施的有效衔接，实现多种运输方式的无缝链接与协调发展，建成区域综合一体化的基础设施体系，提升物流园区通达性，进而提高区域物流系统运作效率。

其次，完善城市群现代物流基础设计网络。城市群经济的快速发展需要公路、铁路、港口、航空等物流基础设施的有效衔接，形成物流网络，才能更有效地降低物流成本，实现各城市间的合理分工与协作。未来，京津冀地区应加强在现代物流基础设施规划方面的衔接与合作，不断优化布局、完善现代物流基础设施网络的公共服务，促进物流基础设施的一体化和网络化发展，推进城市群空间一体化进程。

最后，加快区域内各地区间物流信息公共平台建设。统一规划区域公共物流信息平台的功能和建设架构，整合现有各种物流信息资源，从根本上改善区域物流信息化建设的现状。规划并建设区域公共物流信息平台，实现商流、物流和信息流共享与互动，提升区域物流国际竞争力。同时，借助物流信息公共平台建设，推动区域内物流相关职能部门间协同工作机制的构建。

7.5.3 完善区域物流创新和人才培育体系

创新不仅是国家和地区经济增长和发展的重要动力，而且是促进产业升级和向价值链高端演进的主要途径。区域物流创新体系的构建可以从以下几个方面着手：一是完善以物流企业为主体、市场为导向的创新体系。企业是产业创新体系的主体，构建物流企业自主创新的支撑体系，鼓励跨城市、跨区域创新合作。鼓励企业、高校、科研机构合作共建物流创新中心、博士后流动站等创新载体，结成技术联盟，开展物流技术研发、物流服务创新活动。二是促进产学研一体化。政府通过相关政策支持，鼓励科研机构以及相关服务中介进入物流产业集群，完善物流产业创新的配套服务体系建设。一方面，科研院所、大专院校为企业培养专业化人才，提供专业化的技术支持，同时，以项目或课题为纽带，有效协调组织产学研共同联合攻关，解决企业在现实物流操作或管理过程中的重大技术难题；另一方面，积极推动技术论证、技术评估、资产评估、信息咨询等相关中介与物流企业之间的相互交流与合作，为捕捉新的创新灵感、识别创新机会提供有效途径，加快科技创新与高新物流技术产业化。

完善物流人才引进与教育培训体系主要包括以下两个方面：一是建立多

层次的物流人才教育与培训机制。推进大中专院校物流相关专业的学科建设，进一步完善物流教育体系。开展国际合作办学项目，建立国际化、高层次的供应链与国际物流管理人才培养基地。鼓励高等院校、中等职业学校与有关部门、科研院所、行业协会和企业开展多层次合作，共同培养物流人才。二是积极引进高级人才，形成国际物流研发中心。加大人才引进力度，积极吸引海内外高级物流人才来京津冀地区创业、发展，鼓励物流企业引进国内外优秀物流专业人才。三是完善在职人员培训体系，积极与行业协会合作开展危险品运输、城市配送、快递等专业物流人员的培训。

7.5.4 加强物流安全监督和管理

物流安全管理事关生态环境保护和人民群众生命财产安全，未来各地政府应明确各相关部门安全监督管理职责，严格履行监督管理责任。依托现有与物流安全相关的法律规定及有关文件精神，出台落实加强物流安全的相关政策措施，加强物流企业建设的行政审批。加强物流安全执法检查监督，建立跨区域、跨部门执法联动协作机制。加强对物流企业的安全管理，规范货物收运、收寄流程，强化物流企业安全主体责任。贯彻落实国家信息安全等级保护制度，建立健全物流安全监管信息共享机制，做好互联网相关日志记录留存，提供全数据查询和传输技术接口，协助、配合公安机关依法防范、调查、打击各类违法犯罪活动。开展多种形式的宣传教育活动，不断强化和提高物流从业人员和社会用户的安全意识、防范意识、责任意识和法律意识。

7.5.5 发挥行业协会作用

行业协会是连接政府和企业的桥梁与纽带，未来京津冀各地区政府应该创造条件支持行业协会发挥专业优势，积极参与地区物流业及物流园区建设工作。一方面，鼓励行业协会向政府部门反映行业信息和企业诉求，引导规范企业行为，向企业宣传政策导向。另一方面，鼓励协会发挥在调查研究、技术推广、信息统计、标准制定、咨询服务等方面的优势，协助政府推动相关规划、政策和项目的落实，协助管理部门做好企业准入和企业运行监管工作。推动行业自律和诚信体系建设，促进行业健康发展。

7.6 本章小结

在前面理论分析及规划模型构建基础上，本章以京津冀地区为研究对象进行了实证分析。通过数据测算说明，京津冀地区经济发展与物流园区的发展存在着较强的关联性，并且物流园区与第二产业和第三产业的关联度极强。同时，本章借助聚类分析明确了京津冀地区物流园区规划及建设的层次，并重点阐述了京津冀各地区物流园区空间布局的重点。最后，从政府优惠政策、提升区域物流基础设施互联互通、完善区域物流创新和人才培育体系、加强物流安全监督和管理、发挥行业协会作用等五个方面提出了保障物流园区规划及建设顺利施行的保障措施。

附　录

表 A1　北京市经济指标原始数据

经济指标 / 年份	全社会固定资产投资总额（亿元）	第一产业产值（亿元）	第二产业产值（亿元）	第三产业产值（亿元）	社会消费品零售总额（亿元）	进出口总额 / 值（亿美元）
2006	3 296.4	98.04	2 191.43	5 580.81	3 295.3	1 581.8
2007	3 907.2	101.26	2 509.4	6 742.66	3 835.2	1 929.5
2008	3 814.7	112.81	2 693.15	7 682.07	4 645.5	2 716.93
2009	4 616.92	118.29	2 855.55	9 179.19	5 309.9	2 147.91
2010	5 402.95	124.36	3 388.38	10 600.84	6 340.3	3 016.61
2011	5 578.93	136.27	3 752.48	12 363.18	7 222.2	3 895.83
2012	6 112.4	150.2	4 059.27	13 669.93	8 123.5	4 081.07
2013	6 847.06	159.64	4 292.56	15 348.61	8 872.1	4 299.42
2014	6 924.23	158.99	4 544.8	16 627.04	9 638	4 155.38

资料来源：本书根据国家统计局网站统计数据、《北京统计年鉴（2016）》整理。

表 A2 北京市物流园区规模指标原始数据

物流园区规模指标 / 年份	物流园区数量（个）	物流园区内企业数量（个）	物流业固定资产投资水平（亿元）	公路营业里程（万公里）	铁路营业里程（万公里）	公路网密度（万公里 / 平方公里）	铁路网密度（万公里 / 平方公里）	货运量（万吨）	货物周转量（亿吨公里）
2006	19	5 165	455.21	2.05	0.11	1.25	0.07	33 008	653.2
2007	21	5 451	497.55	2.08	0.11	1.27	0.07	19 877	724.8
2008	24	6 022	498.92	2.03	0.12	1.24	0.07	20 525	758.89
2009	28	7 618	556.64	2.08	0.12	1.27	0.07	20 470	731.59
2010	32	9 213	712.01	2.11	0.12	1.29	0.07	21 762	876.93
2011	36	10 809	808.95	2.13	0.12	1.30	0.07	24 663	999.6
2012	40	12 404	816.31	2.15	0.13	1.31	0.08	26 162	1 001.13
2013	44	14 000	871.76	2.17	0.13	1.32	0.08	25 748	1 051.14
2014	48	15 596	948.1	2.18	0.13	1.33	0.08	26 551	1 036.71

资料来源：本书根据国家统计局网站统计数据、《北京市十一五时期物流业发展规划》和《北京市第二次全国经济普查主要数据公报》以及《北京市第三次全国经济普查主要数据公报》整理所得。

表 A3　天津市经济指标原始数据

经济指标 / 年份	全社会固定资产投资总额（亿元）	第一产业产值（亿元）	第二产业产值（亿元）	第三产业产值（亿元）	社会消费品零售总额（亿元）	进出口总额 / 值（亿美元）
2006	1 820.5	118.23	2 488.29	1 752.63	1 383.1	645.73
2007	2 353.15	110.19	2 892.53	2 047.68	1 650.6	715.5
2008	3 389.8	122.58	3 821.07	2 410.73	2 078.7	805.39
2009	4 738.2	128.85	3 987.84	3 405.16	2 430.8	639.44
2010	6 278.09	145.58	4 840.23	4 238.65	2 860.2	822.01
2011	7 067.67	159.72	5 928.32	5 219.24	3 395.1	1 033.91
2012	7 934.8	171.6	6 663.82	6 058.46	3 921.4	1 156.23
2013	9 130.25	186.96	7 275.45	6 979.6	4 470.4	1 285.28
2014	10 518.19	199.9	7 731.85	7 795.18	4 738.7	1 339.12

资料来源：本书根据国家统计局网站统计数据、《天津统计年鉴（2016）》整理。

表 A4　天津市物流园区规模指标原始数据

物流园区规模指标 / 年份	物流园区数量（个）	物流园区内企业数量（个）	物流业固定资产投资水平（亿元）	公路营业里程（万公里）	铁路营业里程（万公里）	公路网密度（公里 / 平方公里）	铁路网密度（公里 / 平方公里）	货运量（万吨）	货物周转量（亿吨公里）
2006	20	5 262	302.2	1.13	0.07	0.95	0.06	41 939	12 240.8
2007	26	5 980	334.67	1.15	0.07	0.96	0.06	50 261	15 289
2008	33	7 416	436.37	1.21	0.08	1.01	0.07	34 114	2 703.44
2009	39	7 982	471.01	1.43	0.08	1.20	0.07	42 324	9 606.61
2010	46	8 548	585.37	1.48	0.08	1.24	0.07	40 013	10 065.05
2011	53	9 115	632.1	1.52	0.09	1.27	0.08	43 601	10 337.29
2012	60	9 681	683.56	1.54	0.09	1.29	0.08	46 015	7 844.06
2013	67	10 247	675.02	1.57	0.1	1.31	0.08	45 233	3 097.39
2014	74	10 813	720.72	1.61	0.1	1.35	0.08	49 753	3 602.38

资料来源：本书根据国家统计局网站统计数据、《天津市现代物流业发展十二五规划》和《天津市第二次全国经济普查主要数据公报》以及《天津市第三次全国经济普查主要数据公报》等资料整理所得。

表 A5 河北省经济指标原始数据

经济指标 / 年份	全社会固定资产投资总额（亿元）	第一产业产值（亿元）	第二产业产值（亿元）	第三产业产值（亿元）	社会消费品零售总额（亿元）	进出口总额 / 值（亿美元）
2006	5 470.2	1 606.48	6 115.01	3 938.94	3 435.7	185.3
2007	6 884.68	1 804.72	7 241.8	4 662.98	4 053.8	255.4
2008	8 866.6	2 034.6	8 777.42	5 376.59	4 991.1	384.2
2009	12 269.8	2 207.34	8 959.83	6 068.31	5 764.9	296.1
2010	15 083.35	2 562.81	10 707.68	7 123.77	6 821.8	419.3
2011	16 389.33	2 905.73	13 126.86	8 483.17	8 035.5	536.0
2012	19 661.3	3 186.66	14 003.57	9 384.78	9 254	505.5
2013	23 194.23	3 381.98	14 781.85	10 279.12	10 516.7	548.8
2014	26 671.92	3 447.46	15 012.85	10 960.84	11 820.5	598.8

资料来源：本书根据国家统计局网站统计数据、《河北经济年鉴（2016）》整理。

表 A6 河北省物流园区规模指标原始数据

物流园区规模指标 / 年份	物流园区数量（个）	物流园区内企业数量（个）	物流业固定资产投资水平（亿元）	公路营业里程（万公里）	铁路营业里程（万公里）	公路网密度（公里 / 平方公里）	铁路网密度（公里 / 平方公里）	货运量（万吨）	货物周转量（亿吨公里）
2006	16	3 144	938.52	14.38	0.48	0.76	0.03	90 831	5 556.6
2007	22	3 769	1 155.62	14.73	0.48	0.78	0.03	96 891	6 006.4
2008	28	4 394	1 337.54	14.95	0.49	0.79	0.03	106 922	5 925.48
2009	34	5 295	1 491.92	15.21	0.49	0.81	0.03	123 065	6 405.15
2010	40	6 197	1 745.91	15.43	0.49	0.82	0.03	156 596	8 071.11
2011	46	7 098	2 046.22	15.7	0.52	0.83	0.03	189 799	9 630.43
2012	50	8 000	2 212.93	16.3	0.56	0.86	0.03	219 130	10 604.96
2013	56	8 901	2 345.1	17.45	0.63	0.92	0.03	198 009	11 674.06
2014	62	9 802	2 396.4	17.92	0.63	0.95	0.03	209 946	12 684.47

资料来源：本书根据国家统计局网站统计数据、《河北省物流业发展规划（2006—2010）》、《河北省第二次全国经济普查主要数据公报》和《河北省第三次全国经济普查主要数据公报》整理所得。

表 A7　京津冀地区物流节点等级聚类分析原始数据表（2014 年）

地区 \ 数据	国内生产总值（亿元）	人均国内生产总值（万元）	社会消费品零售总额（万元）	工业总产值（万元）	工业企业数（个）	进出口总值 / 额（亿美元）	实际利用外资额（万美元）	全社会固定资产投资（万元）	货运总量（万吨）	地区行政级别
北京市	21 330.83	21 019.13	96 379 959	184 528 984	3 686	4 156.5	904 085	75 114 785	26 697	5
天津市	15 726.93	14 290.92	47 386 543	280 350 275	5 501	1 339.12	1 886 676	116 262 649	49 751	5
石家庄市	5 170.27	2 734.74	24 234 663	90 224 126	2 594	413.0	102 189	48 839 608	25 938	3
唐山市	6 225.30	3 172.78	19 571 127	103 374 649	1 598	167.62	140 687	41 462 408	38 207	1
秦皇岛市	1 200.02	731.43	5 775 688	15 584 853	481	43.13	81 211	7 916 533	7 611	1
邯郸市	3 080.00	793.73	12 423 665	51 937 435	1 277	35.74	92 540	30 907 369	37 209	1
邢台市	1 646.94	273.53	7 961 821	27 203 561	1 242	20.76	48 600	16 470 795	11 614	1
保定市	3 035.20	552.59	15 018 000	45 785 466	1 814	52.9	60 585	23 864 816	21 726	1
张家口市	1 348.97	450.18	5 622 033	14 019 052	582	5.2	32 518	14 020 061	7 122	1
承德市	1 342.55	279.91	4 418 912	17 955 130	572	6.45	14 940	14 027 065	7 865	1
沧州市	3 133.38	641.21	10 078 974	56 804 836	2 199	31.04	34 242	27 289 276	29 219	1
廊坊市	2 175.96	656.47	7 236 964	36 412 710	1 252	52.9	71 719	13 299 134	10 513	1
衡水市	1 149.13	259.89	5 529 935	17 396 348	1 181	36.7	21 628	9 451 687	5 660	1

资料来源：根据《城市统计年鉴 2015》和京津冀各市《2014 年国民经济和社会发展统计公报》整理所得。

参考文献

1. 普通图书

[1] St Quintin. Trends in European Logistics Activity: Location and Property Aspects [M] . London,1996.

[2] Haggett Peter. Locational Models [M] . New York: John Wiley and Sons,1997.

[3] Francisco J Eseobedo. Value Chain on the Regional Logistics Planning System [M] . Pitman Publishing, London, 2001.

[4] Beckman M, McGuire J, Winsten C B.Studies in the Economics of Transportation [M] . New Haven:Yale University Press,1956.

[5] Weber A. On the Location of Industries（Translation of Uber Den Standortder Industries,1909） [M] . OECD Seminar on Advanced Road Transport Technologies,1994.

[6] Drener Z. Facility Location—A Survey of Applications and Methods [M] . Berlin: Springer, 1995.

[7] Francis R L，White J A.Facility Layout and Location:An Analytical Approach [M] . Englewood Cliffs,NJ,Prentice Hall,1974.

[8] Daganzo C F.Logistics Systems Analysis [M] .Germany：Springer-Verlag,Heidelberg, 1996.

[9] 赫希曼 . 经济发展战略 [M] . 北京 : 经济科学出版社 ,1992.

[10] 迈克尔 · 波特 . 竞争战略 : 产业和竞争者分析技巧 [M] . 陈小悦，译 . 北京 : 华夏出版社 ,2005.

[11] 迈克尔 · 波特 . 竞争优势 [M] . 陈小悦 , 译 . 北京 : 华夏出版社 ,2005.

[12] 赫希曼 . 经济发展战略 [M] . 曹征海 , 潘照东，译 . 北京 : 经济科学出版社 ,1991.

[13] 刘伦武 . 基础设施投资对经济增长的推动作用研究 [M] . 北京 : 中国财政经济出版社 ,2004.

[14] 张晓东 . 物流园区布局规划理论研究 [M] . 北京 : 中国物资出版社 ,2004.

[15] 顾亚竹 . 港口物流园区战略管理 [M] . 北京 : 中国物资出版社 ,2008.

[16] 陆大道 . 区域发展及其空间结构 [M] . 北京 : 科学出版社 ,1995.

[17] 朱明春. 区域经济理论与政策 [M]. 长沙:湖南科学技术出版社,1991.
[18] 瓦西里·列昂惕夫. 投入产出经济学 [M]. 北京:中国统计出版社,1996.
[19] 苏东水. 产业经济学 [M]. 北京:高等教育出版社,2000.
[20] 魁奈. 魁奈经济著作选集 [M]. 北京:商务印书馆,1979.
[21] 钟契夫. 投入产出分析 [M]. 北京:中国财政经济出版社,1993.
[22] 庞自岩,向蓉美. 投入产出分析 [M]. 成都:西南财经大学出版社,1989.
[23] 王小波. 投入产出分析 [M]. 北京:中国统计出版社,1996.
[24] 王之泰. 现代物流管理 [M]. 北京:中国工人出版社,2001.
[25] 王槐林等. 物资资源配置技术 [M]. 北京:中国物资出版社,1998.
[26] 吴清一. 物流系统工程 [M]. 北京:中国物资出版社,2006.
[27] 张锦. 物流系统规划 [M]. 北京:中国铁道出版社,2004.
[28] 潘文安. 物流园区规划与设计 [M]. 北京:中国物资出版社,2005.
[29] 刘思锋,党耀国,等. 灰色系统理论及其应用[M].5 版. 北京:科学出版社,2010.
[30] 克劳奈维根. 交易成本经济学及其超载 [M].3 版. 上海:上海财经大学出版社,2002.
[31] 崔功豪,魏清泉,刘科伟. 区域分析与规划 [M]. 北京:高等教育出版社,1996.
[32] 陆玉麒. 区域发展中的空间结构研究 [M]. 南京:南京师范大学出版社,1998.
[33] 李小建. 经济地理学 [M]. 北京:高等教育出版社,1999.
[34] 聂华林,赵超. 区域空间结构概论 [M]. 北京:中国社会科学出版社,2008.
[35] 张学良. 交通基础设施、空间溢出与区域经济增长 [M]. 南京:南京大学出版社,2009.
[36] 何芳. 城市土地经济与利用 [M]. 上海:同济大学出版社,2004.
[37] 郝寿义,安虎森. 区域经济学 [M].2 版. 北京:经济科学出版社,2004.
[38] 厉以宁,秦宛顺. 现代西方经济学概论 [M]. 北京:北京大学出版社,1992.
[39] 许纯祯. 西方经济学 [M]. 北京:高等教育出版社,2000.
[40] 郭鸿懋. 城市宏观经济学 [M]. 天津:南开大学出版社,1995.
[41] 埃里克·弗鲁伯顿. 新制度经济学 [M]. 北京:中国发展出版社,2005.

2. 论文集、会议录

[1] 杜寿平,朱强,吕英俊,等. 区域物流系统动力学模型及算法分析研究 [C]. 第

二届中国物流学术学年论文集 ,2003.

[2] 王德荣 . 要加快我国物流园区的建设 [C] . 首届中国物流高层论坛论文集 ,2002.

[3] 汪鸣 . 物流园区的建设及相关政策问题[C]. 首届中国物流高层论坛论文集 ,2002.

3. 科技报告

[1] 国家发展和改革委员会经济运行调节局 , 南开大学现代物流研究中心 . 中国现代物流发展报告 (2003) [R] . 北京 : 机械工业出版社 ,2003.

[2] 国家发展和改革委员会经济运行调节局 , 南开大学现代物流研究中心 . 中国现代物流发展报告 (2010) [R] . 北京 : 中国物资出版社 ,2010.

[3] 国家发展和改革委员会经济运行调节局 , 南开大学现代物流研究中心 . 中国现代物流发展报告 (2011) [R] . 北京 : 中国物资出版社 ,2011.

[4] 中国经济信息网 .2009 年中国行业年度报告系列之物流 [R] ,2009.

4. 学位论文

[1] 焦文旗 . 区域经济一体化下京津冀物流协作研究 [D] . 石家庄：河北师范大学 , 2008.

[2] 刘秉镰 . 基于经济发展关联机制的城市物流规划方法研究 [D] . 北京：北京交通大学 ,2007.

[3] 王建飞 . 山西物流园区的合理布局与运作对策研究 [D] . 太原：山西财经大学 , 2006.

[4] 徐达文 . 设立保税物流园区对重庆区域经济可持续发展的研究 [D] . 重庆：重庆大学 ,2006.

[5] 姜慧韬 . 城市物流园区的规划与建设研究 [D] . 北京：北京交通大学 ,2008.

[6] 于洋 . 基于系统动力学的物流产业发展对策研究 [D]. 武汉：武汉理工大学 ,2006.

[7] 王荣辉 . 区域交通与经济产业结构关系研究 [D] . 北京：北京交通大学 ,2007.

[8] 张颖 . 基于 SD 模型的京津冀地区物流与经济协调发展分析 [D] . 北京：北京交通大学 ,2009.

[9] 刘爽 . 基于系统动力学的物流业与产业结构关系研究 [D] . 大连：大连海事大学 ,2010.

[10] 罗洪涛 . 长江散货运输与社会经济发展的相关性研究 [D] . 武汉：武汉理工大学 ,2008.

[11] 邵强 . 基于空间结构理论的城市发展理论研究［D］. 南京：河海大学 ,2004.
[12] 接玉梅 . 小城镇建设与区域经济发展互动关系研究——以山东省为例［D］. 泰安：山东农业大学 ,2003.
[13] 廖婴露 . 成都市经济空间结构优化研究［D］. 成都：西南财经大学 ,2009.
[14] 韩斌 . 基于区域间投入产出分析的成渝经济区产业关联研究［D］. 成都：西南交通大学 ,2009.
[15] 李艳朋 . 云南物流产业的产业关联分析［D］. 昆明：云南财经大学 ,2008.
[16] 李佳 . 基于区域经济发展的临港物流园区建设研究［D］. 北京：北京交通大学 ,2008.
[17] 王福华 . 物流园区成长及竞争力研究［D］. 天津：天津大学 ,2008.
[18] 李大颖 . 基于产业结构理论的物流园区规模与结构的研究［D］. 北京：北京交通大学 ,2007.
[19] 邹珺 . 城市物流基础设施规划［D］. 武汉：武汉理工大学 ,2002.
[20] 孙单智 . 城市物流节点的规模与分布问题研究［D］. 成都：西南交通大学 ,2004.
[21] 王淑琴 . 枢纽城市物流系统规划关键技术研究［D］. 南京：东南大学 ,2005.
[22] 胡良德 . 城市物流园区规划研究［D］. 武汉：武汉理工大学 ,2005.
[23] 闫枫逸 . 城市物流系统布局［D］. 南京：东南大学 ,2005.
[24] 邓蓉 . 城市物流规划探析［D］. 武汉：华中师范大学 ,2007.
[25] 孙洪茹 . 城市物流配送体系及其路线优化的研究［D］. 济南：山东科技大学 ,2005.
[26] 耿勇 . 物流基础设施网络规模确定方法研究［D］. 北京：北京交通大学 ,2007.
[27] 郜振华 . 配送中心选址模型与算法研究［D］. 南京：东南大学 ,2006.
[28] 谢玲 . 物流系统节点体系布局规划研究［D］. 天津：河北工业大学 ,2009.
[29] 谢实海 . 区域物流中心布局规划研究［D］. 南京：东南大学 ,2001.
[30] 陈才莲 . 第三方物流中心厂址评选模式之研究［D］. 漳化：台湾大叶大学 ,2004.
[31] 许道涛 . 多时期多配送点的最优轨迹变化问题研究［D］. 杭州：浙江大学 ,2004.
[32] 禤文怡 . 物流中心选址方法研究［D］. 天津：天津大学 ,2004.
[33] 韩勇 . 物流园区系统规划的理论、方法和应用研究［D］. 天津：天津大学 ,2002.
[34] 程晓玲 . 城市物流节点选址方法研究［D］. 西安：长安大学 ,2008.
[35] 陈国亮 . 新经济地理学视角下的生产性服务业集聚研究［D］. 杭州：浙江大

学,2010.

[36] 田甜 . 现代会展业空间布局分析 [D]. 成都：四川大学,2006.

[37] 李紫露 . 我国出口导向型发展模式的调整及其对策研究 [D]. 上海：上海外国语大学,2007.

[38] 章志刚 . 现代物流与城市群经济协调发展研究 [D]. 上海：复旦大学,2005.

[39] 蒋妍菡 . 物流产业对经济发展影响的研究 [D]. 杭州：浙江工业大学,2004.

[40] 张伶俐 . 基于物流园区的市场交易费用分析 [D]. 重庆：重庆大学,2007.

[41] 李燕 . 物流与经济增长关系研究——基于浙江省的研究 [D]. 杭州：浙江大学,2004.

[42] 韩守庆 . 长春市区域空间结构形成机制与调控研究 [D]. 长春：东北师范大学,2008.

[43] 闫振英 . 物流园区功能布局及其道路交通的研究 [D]. 北京：北京交通大学,2008.

[44] 杨帆 . 我国物流节点设施布局的理论与实证研究 [D]. 西安：长安大学,2009.

[45] 芮艳华 . 现代物流业的发展与产业结构的优化 [D]. 上海：同济大学,2007.

[46] 张衍 . 生产者服务业与制造业互动机制研究 [D]. 南京：南京财经大学,2010.

[47] 韩锡琴 . 制造业与物流业联动机理与发展模式研究 [D]. 沈阳：沈阳工业大学,2010.

[48] 周洋 . 河南省生产性服务业与制造业发展的互动机制研究 [D]. 郑州：郑州大学,2011.

[49] 王宁 . 辽宁制造业与物流业的联动分析 [D]. 大连：大连海事大学,2011.

[50] 毛薇 . 物流园区优化布局和物流运行关键技术的研究 [D]. 长春：吉林大学,2004.

[51] 朱庆伟 . 东北物流地域系统研究 [D]. 长春：东北师范大学,2006.

[52] 朱晓兰 . 模糊聚类法在物流园区网络布局中的应用 [D]，上海：上海交通大学,2007.

5. 期刊中析出的文献

[1] Andrius jarzemskis. Research on Public Logistics Center as Tool for Cooperation[J]. Transport, 2007,Vol XXII:50-54.

[2] Clarence Woudsma, John F Jensen, Pavlos Kanaroglou. Logistics Land Use and the City: A Spatial-temporal Modelling Approach[J]. Transportation Research Part E, 2008：44.

[3] Palsaitis R. Analysis of the Prospectives of Intermodal Transport and Logistics Centers in Lithuania[J]. Transport, 2004, 19.

[4] Eppli, Mark J,John D Benjamin. The Evolution of Shopping Center Research: A Review and Analysis [J] . Journal of Real Estate Research,Winter 1994, 9(1):5–32.

[5] Dunn, EDG S. The Market Potential Concept and the Analysis of Location, In:PPRSA. Vol,2,1956.

[6] Friedmann J. Regional Development Policy: A Case Study of Venezuela[M]. The M.I.T Press,166:102–106.

[7] Chen Xikang.Input–Occupancy–Output Analysis and Its Application in China,in Dynamics and Conflict in Regional Structural Change,Edited by Manas Chattezji and R.R.Kuenne. London: Macmillan Press,1990:15–17.

[8] Linda K Nozick, Mark A Turnquist. Inventory, Transportation, Service Quality and the Location of Distribution Centers [J] . European Journal of Operational Research, 2001(129):362–371.

[9] Eiichi Taniguchi,Michihiko Noritake etc. Optimal Size and Location Planning of Public Logistics Terminals [J] .Transportation Research Part E,1999,35(3):207–222.

[10] Chen–Tung Chen. A Fuzzy Approach to Select the Location of the Distribution Center [J] . Fuzzy Sets and Systems, 2001,118(1):65–73.

[11] Olive Fisher. The Planning of Regional Logistics [J] . Journal of Melbourne University,2002:102–122.

[12] Kalfakakoua R,Katsavounisb S,Tsourosa K.Mini–mun Number of Warehouses for Storing Simultaneously Compatible Products [J] .International Journal of Production Economics,2003,81–182(1): 559–564.

[13] Noritake M, Kimura S. Optimum Allocation and Size of Seaports [J] . J.Waterway Port, Coastal and Ocean Eng. ASCE 1990,116(2).

[14] Weiszfeld E.Sur le point pour lequel la somme des distances de n points donn–es est minimum [J] .Tohoku Mathematical Journal 1937, 43:355–386.

[15] Geoffrion A M, Graves G W. Multicommodity Distribution System Design by Benders Decomposition [J] . Management Science.1974,20(5):822–844.

[16] Wesolowsky G O, Truscott W G.The Multiperiod Location–allocation Problem with Relocation of Facilities [J] .Management Science,1976,22(1):57–65.

[17] Rosing K E.An Optimal Method for Solving the (generalized) Multi–Weber Problem[J]. European Journal of Operational Research.1992, 58(3):414–426.

[18] Du Merle, Villeneuve, Desrosiers, Hansen. Stabilized Column Generation [J] . Discrete Mathematics 1999, 194:229–237.

[19] Pirkul H,Jayaraman V.A Multi Commodity,Multi–plant,Capacitated Facility Location Problem:Formulation and Efficient Heuristic Solution [J] .Computers and Operations Research,1998(25):869–878.

[20] Jayaraman V, Pirkul H.Planning and Coordination of Production and Distribution Facilities for Multiple Commodities [J] .European Journal of Operational Research,2001(133):394–408.

[21] Tragantalerngsak S,Holt J,Ronnqvist M.An Exact Method for the Two–echelon,Single Source,Capacitated Facility Location Problem [J] .European Journal of Operational Research,2000(123):473–489.

[22] Hokey Mina,Emanuel Melachrinoudis.The Relocation of a Hybrid Manufacturing/Distribution Facility from Supply Chain Perspectives:A Case Study [J] .Omega,Int. J.Mgmt.Sci,1999(27):75–85.

[23] Aikens C H. Facility Location Models for Distribution Planning [J] .European Journal of Operational Research,1985,22(3).

[24] Yang Lixing, Ji Xiaoyu, Gao Ziyou, Li Keping. Logistics Distribution Centers Location Problem and Algorighm under Fuzzy Environment [J] . Journal of Computation & Applied Mathematics, 2007,208(2):303–315.

[25] Chu T–C, Lai M–T. Selectin Distribution Centre Location Using an Improved Fuzzy MCDM Approach [J] . International Journal of Advanced Manufacturing Technology, 2005,26(3):293–299.

[26] Coase. The Nature of the Firm [J] .Economica. 1937, 4(16): 386–405.

[27] 于春荣 . 物流园区对经济发展的促进作用 [J] . 长春大学学报 ,2007,17(4):8–10.

[28] 向世聪 . 园区经济与城市经济互动发展的动力机制 [J] . 系统工程 ,2010, 28(3):

119–122.

［29］曾坤生．西方空间结构理论评述［J］．经济学动态，1999（10）:63–66.

［30］金相郁.20世纪区位理论的五个发展阶段及其评述［J］．经济地理，2004(3):294–298,317.

［31］廖建华，廖志豪．区域旅游规划空间布局的理论基础［J］．云南师范大学学报，2004,36（5）：130–134.

［32］毕波，庄建伟．现代物流对我国城市空间结构的影响研究［J］．哈尔滨师范大学学报：自然科学版，2004(6):95–99.

［33］韩增林，郭建科．现代物流业影响城市空间结构的机理分析［J］．地理与地理信息科学，2006(4):61–65.

［34］刘军．现代物流对城市空间结构的优化［J］．开放导报，2008(6):104–106.

［35］何添锦．物流在城市群资源要素聚散中的作用［J］．中国物流与采购，2009（2）:58–59.

［36］刘勇．物流对城市空间结构演化的作用机制研究［J］．现代经济探讨，2008（4）:88–92.

［37］廖建英，刘勇．物流对城市空间结构衍化的作用及规划［J］．河北学刊，Jan. 2010,30(1):170–172.

［38］李田心．现代物流产业影响城市空间结构的机制分析［J］．经济研究导刊，2010(11):46–48.

［39］刘勇，聂规划，梁越岭．城市物流园区建设规模测定方法研究［J］．中国集体经济，2009(13):129–130.

［40］耿兴荣．城市物流发展规划的理论框架研究［J］．城市规划汇刊，2003(6):86–90.

［41］阎利军，杨忠振，刘冲．城市物流网络中中间节点分布与规模优化研究［J］．大连理工大学学报 2007,47(3):414–418.

［42］刘洁，刘凯．基于内蒙古物流发展规划中的物流网络节点布局层次化研究［J］．物流技术，2009，28（4）：23–25.

［43］吕晓静，赵宝芹．基于等级划分的物流综合水平评价指标体系的构建［J］．物流技术，2010（8）：16–19.

［44］李红启，刘凯，贺国先．主成分分析法在物流网络节点城市等级划分中的应用

[J]. 数学的实践与认识 .2004，34（8）：65-69.

[45] 葛喜俊 . 城市物流节点布局方法研究及实证分析 [J]. 物流科技 ,2006(3):125-128.

[46] 郭红霞 , 栗庆耀 . 物流节点类型的确定及其实证分析 [J]. 铁道运输与经济 ,2006,28(11)：48-51.

[47] 程世东 , 刘小明 . 时空消耗法求解物流园区规模 [J]. 公路交通科技 .2005，22（8）：142-144.

[48] 陶经辉 . 物流园区数量确定和选址规划研究 [J]. 软科学 ,2006，20（2）：66-70,75.

[49] 陶经辉 , 李旭宏 , 等 . 基于多指标群决策的物流园区规模确定方法研究 [J]. 公路交通科技 .2005，22（1）：151-155.

[50] 岳意定 . 物流园区规划建设规模确定的模糊语言多属性群决策模型 [J]. 系统工程 ,2007,25(7):64-69.

[51] 许扬帆 . 城市物流基地规划与设计 [J]. 物资流通 ,2001(3):38-42.

[52] 姚志刚 , 等 . 物流园区规模确定方法探讨 [J]. 综合运输 ,2003(3):38-42.

[53] 鲁晓春 , 詹荷生 . 关于配送中心重心法选址的研究 [J]. 北方交通大学学报 ,2000,24(6):108-110.

[54] 杨茂盛 , 李霞 . 改进重心法在物流配送中心选址中的应用 [J]. 物流技术 ,2007,26（6）:60-62.

[55] 孙会君 , 高自友 . 考虑路线安排的物流配送中心选址双层规划模型及求解算法 [J]. 中国公路学报 ,2003,16（2）:115-119.

[56] 孙会君 , 高自友 . 基于空间价格均衡的物流中心选址双层规划模型研究 [J]. 土木工程学报 ,2003,7（7）:39-42.

[57] 陈菊 . 物流节点最优选址与规模的双层规划模型 [J]. 物流科技 ,2006(5)：9-13.

[58] 胡刚 , 王淑琴 , 等 . 针对第三方物流企业的物流中心选址模型研究 [J]. 公路交通科技 ,2002,119（16）:171-175.

[59] 杨波 , 梁木樑 , 等 . 物流配送中心选址的随机数学模型 [J]. 中国管理科学 ,2002,10（5）:57-61.

[60] 杨波 . 多品种随机数学模型的物流配送中心选址问题 [J]. 中国管理科学 ,2003,11(2):45-49.

[61] 戎晓霞,等.不确定环境下的物流配送中心选址模型[J].山东大学学报:理学版,2004,39(6):72–77.

[62] 龚延成,蔡团结.带时效性约束的物流中心选址研究[J].公路交通科技,2004,21(12):141–143.

[63] 王健,余政峰.物流中心选址的动态评价方法研究[J].公路交通科技,2007,24(10):146–149.

[64] 韩皓,王素玲.多级物流节点选址问题建模与求解[J].上海海事大学学报,2009,30(4):30–35.

[65] 傅新平.层次分析法在物流中心选址中的应用[J].世界海运,2002(4):23–28.

[66] 杨华龙,蹇令香.区域物流基地选址[J].大连海事大学学报,2003,29(1):102–105.

[67] 王威,赵福军.基于AHP方法的物流中心选址研究[J].物流技术,2005(8):58–59.

[68] 陈青丰.非对称AHP方法在物流中心选址中的应用[J].工业工程,2005(1):75–78.

[69] 莫海熙,郜振华,陈森发.基于AHP和目标规划的物流配送中心选址模型[J].公路交通科技,2007,24(5):150–153.

[70] 宋景芬.全程物流枢纽城市物流中心选址评价问题研究[J].武汉理工大学学报:信息与管理工程版,2004(4):165–168,173.

[71] 高更君,王震,黄卫.基于多目标模糊决策的公共物流中心选址研究[J].公路交通科技,2004,21(9):140–144.

[72] 吴迎学.多级模糊综合评判在物流中心选址中的应用[J].森林工程,2004(9):16–19.

[73] 张国方.熵权值模糊综合评判法在物流选址中的应用[J].武汉理工大学学报,2005(7):91–93.

[74] 范丽芳,江浩斌,等.基于模糊层次分析法的配送中心选址研究[J].铁道货运,2005(11):15–18.

[75] 程赐胜,苏玲利.DEA法在物流中心选址中的应用[J].长沙理工大学学报:自然科学版,2004,12(3):8–12.

[76] 张敏，杨超，等．基于 AHP/DEA 的物流中心选址问题研究［J］．管理学报，2005,2（6）:641–644.

[77] 郜振华，陈森发，黄鹍，等．基于灰色综合评价的物流中心选址方法［J］．公路交通科技，2005，22（9）：159–162.

[78] 凌春雨，张得志，李双艳．改进灰色关联分析法在物流园区选址中的应用［J］．铁道运输与经济，2005（4）:20–23.

[79] 张得志，谢如鹤，李双艳．组合评价法在物流园区选址中的应用［J］．武汉理工大学学报：交通科学与工程版，2005,29（5）:762–765.

[80] 程赐胜．DEA 法在物流中心选址中的应用［J］．长沙理工大学学报：自然科学版，2004（12）：8–12.

[81] 凌春雨．改进灰色关联分析法在物流园区选址中的应用［J］．铁道运输与经济，2005（4）：20–23.

[82] 孙焰．物流中心选址的两阶段法研究［J］．物流科技，2006（5）:41–44.

[83] 王压帝．欧洲物流园区的形成［J］．交通世界，2003（1）:58–60.

[84] 张世贤．工业投资效率与产业结构变动的实证研究——兼与郭克莎博士商榷［J］．管理世界，2005（5）:79–85.

[85] 郑吉昌，夏晴．基于互动的服务业发展与制造业竞争力关系——以浙江先进制造业基地建设为例［J］．工业工程与管理，2005（4）:98–103.

[86] 王珍珍，陈功玉．我国制造业不同子行业与物流业联动发展协调度实证研究——基于灰色关联模型［J］．上海财经大学学报，2010，12（3）：65–73.

[87] 戴禾，杨东援，李群峰．物流基础设施布局模型［J］．交通运输工程学报，2002（2）:102–105.

[88] 聂小平．谈城市物流园区及其聚集经济特征［J］．商业时代，2008（18）:18–19.

[89] 赵应宗．外贸乘数与经济增长关系的变因分析［J］．世界经济，2000（5）:46–49.

[90] 刘秉镰．基于产业关联的城市物流系统优化理论与方法［J］．港口经济，2007（11）:43–47.

[91] 陆大道．京津唐地区的区域发展与空间结构［J］．经济地理，1985（1）:37–43.

[92] 李松庆．生产性服务业的空间布局研究——文献综述与展望［J］．广东工业大学学报：社会科学版，Oct.2011,11(5):16–22.

[93]颜鹏飞，邵秋芬．经济增长极理论研究[J]．财经理论与实践，2001,22(110):2–4.

[94]罗时龙．服务业结构与服务业发展实证研究[J]．现代经济探讨，2006(6):54–56.

[95]郝玉龙，高立娜．基于共生理论的制造业和物流业的互动发展研究[J]．物流技术，2011(5):27–30.

6. 电子文献

[1]北京通州物流基地网．物流基地1–10月经济运行情况良好[EB/OL].[2011–11–11]. http://www.bjtzhwl.com.cn/info/2010121/201012192728.shtml.